PRAXIS ideen

Schriftenreihe für Bewegung, Spiel und Sport

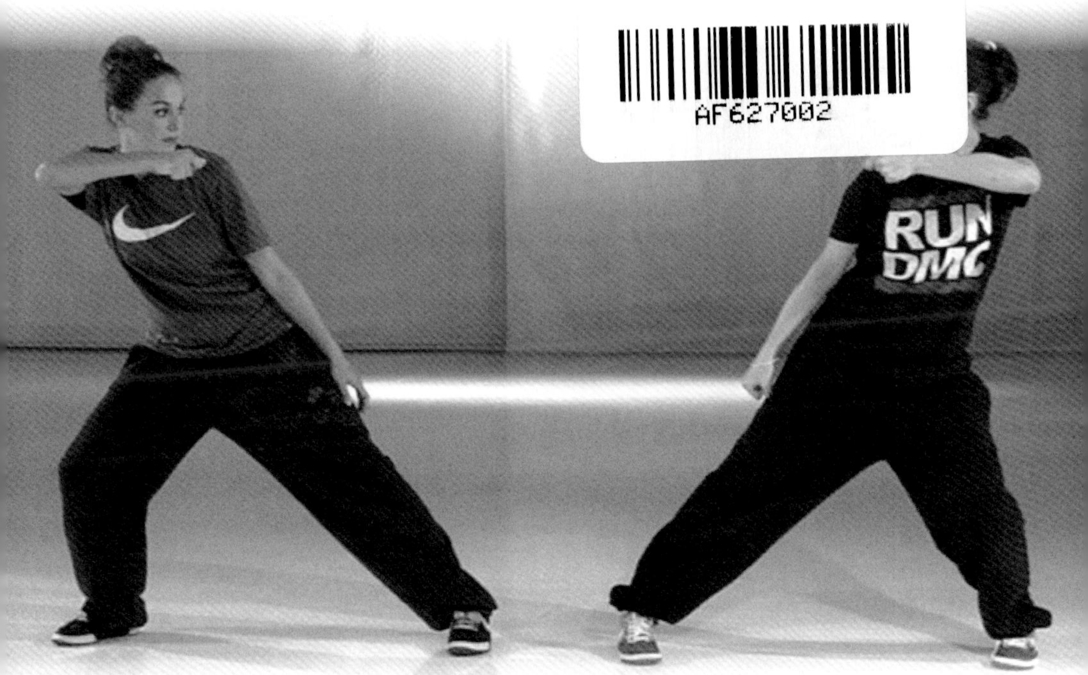

HipHop

Für Lehrer und Trainer ohne Tanzerfahrung

2. Auflage

Verena Klöpper / Janina Schmidt

hofmann.

Bibliografische Information der Deutschen Nationalbibliothek
Die Deutsche Nationalbibliothek verzeichnet diese Publikation in der Deutschen Nationalbibliografie; detaillierte bibliografische Daten sind im Internet über http://dnb.d-nb.de abrufbar.

Bestellnummer 2511

2. Auflage 2016

Fotos: Verena Klöpper und Janina Schmidt
Videos: Kristian Portz

Erschienen als Band 51
der PRAXISIDEEN – Schriftenreihe für Bewegung, Spiel und Sport.

Grafik, Layout und Satz: consekwent, Konzepte für Print und Web.

Druck und Verarbeitung: Media-Print Informationstechnologie GmbH, Paderborn
Printed in Germany · ISBN 978-3-7780-2511-6

INHALT

Kapitel 1

Einleitung

1 Einleitung

Nicht erst seit der bundesweiten Einführung der Bildungsstandards und den damit einhergehenden inhaltlichen Änderungen im Sportunterricht, integrieren viele Sportlehrer[1] heute den Tanzstil HipHop in ihren Unterricht. Sehr zur Freude vieler Schüler[2].
Doch die „steigende Nachfrage der Schülerinnen und Schüler bringt vor allem jene Sportlehrerinnen und Sportlehrer in Verlegenheit, die in diesem Inhaltsbereich keine Ausbildung erfahren haben" (Berkemann, 2007, S. 7).

Das Zitat beschreibt ein Ungleichgewicht zwischen dem Interesse an HipHop-Tanz auf Seiten der Schüler und der Verlegenheit vieler Sportlehrer. Denn wie auch Frohn (2010, S. 4) stellte sich uns die Frage:
„Welche Möglichkeiten haben aber nun Sportlehrer, die sich als ‚Nichttänzer' beschreiben würden, Tanzen im Sportunterricht zu thematisieren?".
Eine Alternative zur rein lehrerzentrierten Vermittlung von HipHop im Sportunterricht ist unserer Meinung nach die beste Möglichkeit, um diesem Ungleichgewicht entgegenzuwirken.

Wir stellen in diesem Buch das Konzept des kooperativen Lernens als praktikable Alternative vor. Bei dieser schülerzentrierten Lernmethode, die sowohl in Form von Partner- als auch Gruppenarbeit stattfinden kann, gibt der Lehrer seine zentrale Lehrrolle im Unterricht auf und übergibt diese an die Schüler selbst.

kooperative Vermittlungsformen – eine Alternative

Durch diese Methode und durch das von uns entwickelte Material besteht daher die Chance, auch als tanzunerfahrener Lehrer die Tanzform HipHop, in einer für beide Seiten realisierbaren Form, im eigenen Sportunterricht anzubieten.

1.1 Der Aufbau dieses Buches

Kapitel 1-3: Theorie und Vermittlung

Dieses Buch teilt sich in einen ersten theoretischen und einen zweiten praktischen Teil auf. Im ersten Teil wird HipHop als Tanzform im Kontext Sportunterricht kurz eingeordnet und die Entstehung und Merk-

---

[1] Im Verlauf des Buches soll Sportlehrer für Sportlehrer als auch Sportlehrerinnen stehen. Es wird aus rein praktischen Gründen auf die doppelte Nennung verzichtet.

[2] Im Verlauf des Buches soll Schüler für Schüler als auch Schülerinnen stehen. Es wird aus rein praktischen Gründen auf die doppelte Nennung verzichtet.

male dieses Tanzstils erläutert. Darauf folgen viele konkrete Tipps für die Vermittlung von HipHop im Sportunterricht. Diese beziehen sich auf rein organisatorische Aspekte als auch auf den kreativen Umgang mit Schrittmaterial. Der erste Teil des Buches endet mit der anschaulichen Erläuterung drei ausgewählter kooperativer Vermittlungsmethoden.

Kapitel 4-5: Konkretes Schritt- und Unterrichtsmaterial

Im zweiten Teil des Buches präsentieren wir Ihnen konkretes Schrittmaterial. Dieses besteht aus einem umfangreichen Warm Up, sieben Grundschritten in vielen Variationen sowie drei fertig ausgearbeiteten Choreographien. Das Schrittmaterial liegt jeweils in Form von Bilderreihen, Beschreibungen und Videosequenzen vor. Um Ihnen die Aneignung der Schritte zu erleichtern, wurden die Schritte teilweise zusätzlich in langsamem Tempo sowie aus verschiedenen Perspektiven gefilmt.

Leicht verständliche Symbole neben den Texten verweisen auf die verschiedenen Materialien, wie beispielsweise Kopiervorlagen, Stundenentwürfe oder die beiliegende DVD.

Am Ende des Buches finden Sie sechs ausgearbeitete Doppelstunden zum Unterrichtsvorhaben „Von der ersten Begegnung mit dem Thema Tanz bis hin zur bühnenreifen HipHop-Choreographie“. In den Entwürfen wird auf bestimmte Buchkapitel, Videosequenzen und Kopiervorlagen verwiesen, so dass Sie die Stunden den Anforderungen Ihrer Schüler anpassen und nach Belieben modifizieren können.

1.2 HipHop – nicht nur ein Tanzstil

HipHop – Lebenseinstellung und Kulturbewegung

Der Begriff HipHop steht nicht nur für eine bestimmte Tanzrichtung, sondern für eine ganze Lebenseinstellung und Kulturbewegung bestehend aus den vier Elementen:
- Text *(MC-ing)*,
- Musik *(DJ-ing)*,
- Tanz *(Breakdancing)* und
- Bild *(Graffiti)*.

Diese Bewegung entstand als Straßenkultur in den 1970er Jahren in New York City, genauer gesagt in der South Bronx, eines zu der Zeit ärmsten Viertel der Stadt (vgl. Klein & Friedrich, 2003). Da die Stadt New York unter anderem im Bereich der Bildung sparte, ist es somit nicht weiter verwunderlich, dass vor allem die Jugendlichen der Bronx die gesellschaftlichen Umstrukturierungen am meisten zu spüren bekam. Die Bronx war ein Ort, an dem Gewalt durch Straßengangs, Drogen und Armut vorherrschten. Genau um diesen Alltag zu vergessen, wurden Mitte der 1970er die sogenannten *urban danceparties* ins Leben gerufen (Klein & Friedrich, 2003). Diese Straßenparties gaben den Jugendlichen die Möglichkeit, ihren Alltag hinter sich zu lassen und gemeinsam zu feiern und zu tanzen.

Die Elemente der HipHop-Kultur

Wichtigster Bestandteil dieser Parties war der DJ. Bekanntester und zugleich erster DJ, der Mitte der 1970er Jahre Schallplatten nicht nur einfach abspielte, sondern mit Hilfe von zwei Plattenspielern vorhandene Musikstücke verlängerte und veränderte, war DJ Kool Herc. Zusammen mit DJ Grandmaster Flash entwickelte er unter anderem das *Scratchen,* welches das Entstehen neuer Rhythmen und Melodien durch das Hin- und Herbewegen des Plattenspielertonarms bezeichnet. Zu dem DJ gesellte sich schnell ein MC *(Master of Ceremony),* der mit dem Mikrophon das Publikum anheizen sollte. Aus der bloßen Anfeuerung des Publikums entwickelte sich schnell eine Art Sprechgesang, der sogenannte *Rap*. Durch den *MC* animiert, versuchten Tänzer wiederum die Musik mit ihrem Körper auszudrücken und entwickelten daraus den sogenannten *Breakdance*. Durch herausfordernde, akrobatische Bewegungen versuchten die einzelnen *Breaker* im sogenannten *Battle* den Gegner zu beeindrucken und tänzerisch zu bekriegen, ohne jedoch tatsächliche Gewalt anzuwenden (vgl. ZeeRay, 2008).

Die Entstehung von HipHop als Tanzstil

Zur gleichen Zeit etwa entstanden an der Westküste Amerikas zwei weitere Stile des *Breakdance*: das *Popping* und das *Locking*. Ersterer ist eine roboterähnliche Tanzrichtung mit kleinen und exakten Isolationsbewegungen der einzelnen Körperzentren, die auf Pantomimetechniken aufbauten. *Locking* hingegen spielt mehr mit den Gegensätzen von Spannung und Entspannung und beinhaltet viele schnelle und präzise Arm- und Beinbewegungen (Klein & Friedrich, 2003). Um sich ein konkretes Bild von den verschiedenen Tanzstilen zu machen, ist es hilfreich sich auf Videoplattformen zu informieren (beispielsweise www.youtube.com).

Kommerzialisierung der HipHop-Kultur

Gegen Ende der 1970er Jahre, als die *Sugar Hill Gang* ihren Hit *Rapper's Delight* veröffentlichten, kommerzialisierte sich laut Chang (2005) die HipHop-Bewegung zunehmend. Nicht nur an der Ost- und Westküste Amerikas, sondern auch weltweit verbreitete sich HipHop Mitte der 1980er Jahre durch Musiksender wie MTV. Diese verbreiteten aktuelle Platten und Videosequenzen der HipHop-Künstler. Auch die einst spontanen *Battles* vergrößerten sich stetig, bis hin zu Wettkämpfen einzelner Gruppen, sogenannten *Crews*, gegeneinander.

KV 1
HipHop – The Whole Picture

Heutige Stilrichtungen

HipHop gilt auch heute noch als eine der „langlebigsten Popkulturen“ (ebd., S.49). Jedoch haben sich seit damals eine Vielzahl verschiedener Stilrichtungen entwickelt. Ähnlich wie bei den heutigen Jazztanzstilen wurde auch der Tanzstil HipHop unter anderem vom *Modern Dance, Jazzdance, Capoeira, Stepptanz* oder *Salsa* beeinflusst. So gibt es heute neben den *Old-School*-Stilen *Breakedance, Locking* und *Popping* zum Beispiel *Wacking, Voguing, House, New Style, Lyrical HipHop, L.A.-Style* oder *Crumping*.

Die in diesem Buch dargebotenen Schritte zählen am ehesten zu der Richtung *New Style,* auch wenn, wie bereits erläutert, eine genaue Zuordnung sehr schwer fällt. Die anderen Stilrichtungen sind koordinativ und tanztechnisch weitaus anspruchsvoller und daher ungeeignet für den Sportunterricht.

1.3 Technische Merkmale des HipHop

Was den Tanzstil HipHop ausmacht…

HipHop hat mit dem Jazzdance viele technische Merkmale gemeinsam, wie z.B. die Isolationen der Hauptbewegungszentren Kopf, Schultergürtel, Brustkorb, Becken, Arme und Beine sowie die Polyzentrik und -rhythmik. Im Gegensatz zum Jazzdance arbeitet HipHop, dem Modern Dance ähnlich, mit Betonungen in den Boden hinein. Dies geht einher mit der Betonung auf den zweiten Schlag in den meisten HipHop Musiktiteln. Des Weiteren kennzeichnet den HipHop besonders der Kontrast zwischen weichen, fließenden Bewegungen und kurzen, harten Akzenten. Dabei kann ein Tänzer oder Choreograph aus einer Reihe schon bestehender Basisschritte wählen und auf kreative Art und Weise seine eigene tänzerische „Handschrift“ kreieren.

1.4 Verankerung von HipHop im heutigen Sportunterricht

Tanz ist an deutschen Schulen nicht als eigenes Fach ausgewiesen. Er wird jedoch in vielen Fächerverbünden sowie dem Musik- und Sportunterricht als Unterrichtsgegenstand vorgesehen. In dieser Veröffentlichung wird nur die Verankerung im Sportunterricht dargestellt, auch wenn sich die hier angestellten Überlegungen und das dargebotene Material natürlich auf andere Fächer übertragen lassen.

Da die Verantwortlichkeit für den Schulsport bei den Ministerien für Kultus und Bildung der einzelnen Länder liegt, ist es im Rahmen dieses Buches nicht möglich eine allgemeingültige Aussage über die Verankerung und Erwähnung von HipHop im Sportunterricht zu treffen. Aufgrund der bundesweit unterschiedlichen Bildungsstandards und schulinternen Curricula, soll im Folgenden anhand der Beispiele Nordrhein-Westfalen, Bayern und Baden-Württemberg lediglich exemplarisch dargestellt werden, ob und in welcher Form HipHop innerhalb der ausgewählten Sportrichtlinien erwähnt wird. Außerdem wird der Tanzstil HipHop vor dem Hintergrund der sportlichen Grundbildung betrachtet und eingeordnet.

Nordrhein-Westfalen

Innerhalb von zehn „Inhaltsbereichen" für den Sportunterricht in der Sekundarstufe I an Gymnasien des Landes Nordrhein-Westfalen, finden sich zwei Bereiche, denen der Tanzstil HipHop in hohem Maße entspricht. Der erste Inhaltsbereich „Den Körper wahrnehmen und Bewegungsfähigkeiten wahrnehmen" (Ministerium für Wissenschaft und Forschung des Landes Nordrhein-Westfalen, 2001, S. 41), nennt Tanz zwar nicht explizit, formuliert jedoch dem Tanz zugrundeliegende Kompetenzen. Der sechste Inhaltsbereich: „Gestalten, Tanzen, Darstellen – Gymnastik/Tanz, Bewegungskünste" (ebd.) benennt Tanz ausdrücklich. Es muss jedoch einschränkend erkannt werden, dass Tanz mit Gymnastik und Bewegungskünsten zusammen genannt wird. Somit werden unter diesem Inhaltsbereich auch „Bewegungskunststücke" aus Jonglage und Akrobatik und der ganz allgemeine Zusammenhang von „Bewegung und Rhythmus/Musik" (ebd. S. 44) zusammengefasst.

Die Richtlinien sehen vor, dass möglichst Tanzformen „aus der Lebenswelt der Jugendlichen" vermittelt werden sollen (ebd., S. 93). Die Richtlinien benennen hiermit zwar wiederum keinen konkreten Tanzstil, grenzen ihn jedoch dahingehend ein, dass er sich nicht an den Vorstellungen des Lehrers, sondern in erster Linie an den Wünschen der Schüler orientieren sollte. Hier bietet es sich somit an, HipHop als jugendliche und moderne Tanzform in den Sportunterricht zu integrieren.

Baden-Württemberg

In den Bildungsstandards des Landes Baden-Württemberg werden unter vier „Sportbereichen" dem Sportbereich II vier Individualsportarten zugeordnet: Gerätturnen, Gymnastik/Tanz[3], Leichtathletik und

[3] Im Rahmen dieses Buches kann nicht auf den in der Bildungslandschaft gängigen Doppelbegriff „Gymnastik/Tanz" genauer eingegangen werden. An dieser Stelle soll lediglich darauf hingewiesen werden, dass aus tanzgeschichtlicher Sicht die rhythmische Gymnastik und Tanz als Kunstform zwei unterschiedliche Bereiche der Bewegungsgestaltung sind, die sich zu Beginn des 20. Jahrhunderts ausbildeten.

Schwimmen. Für die Klassen 7 und 8 müssen beispielsweise „aus den Sportbereichen II und III jeweils mindestens drei Sportarten“ angeboten werden (Bildungsplan Gymnasium, 2004, S. 301). Ähnliches gilt für die Klassen 9 und 10. Das bedeutet, dass auf Tanz durchaus verzichtet werden kann und es ganz im Ermessen der Lehrkraft liegt, für welche Individualsportart sie sich entscheidet.

Die angegebenen „Kompetenzen und Inhalte“ sehen vor, dass sich die Schüler in Klasse 5 „rhythmisch, dynamisch und raumorientiert, mit Partner/Partnerin oder Gruppe sowohl mit als auch ohne Gerät bewegen; ausgewählte Bewegungsverbindungen mitgestalten und gemeinsam darbieten“ können (ebd., S. 303). In Klasse 10 heißt es dann, dass die Schülerinnen und Schüler „einen Tanzstil auf Schulniveau umsetzen; (…) die erlernten Bewegungsfertigkeiten zu einer Übung nach choreographischen Gesichtspunkten verbinden und diese präsentieren“ können (ebd., S. 304).

Hier wird der Tanzstil HipHop wiederum nicht explizit erwähnt, jedoch entspricht HipHop den hier genannten Anforderungen an Bewegungsgestaltung in jeder Hinsicht.

Bayern

Im Lehrplan des Gymnasiums in Bayern für das Fach Sport, findet HipHop in den sportlichen Handlungsfeldern Gymnastik und Tanz Verwendung. Der Tanzstil HipHop wird dabei explizit als Beispiel für eine moderne Tanzform genannt. Es lässt sich auf der Homepage des Staatsinstituts für Schulqualität und Bildungsforschung München (2004a) sogar ein konkreter Beitrag zum Thema *HipHop/Street-Jazz/Funk: gesundheitsorientiertes Ausdauertraining und Choreographieerstellung* finden.

Vier Bereiche der sportlichen Grundbildung

Das Unterrichtsthema HipHop lässt sich überdies mit allen Bereichen der sportlichen Grundbildung vernetzen. Diese Bereiche werden in den einzelnen Bundesländern jeweils anders benannt[4] und aufgeteilt, entsprechen jedoch inhaltlich den folgenden vier Bereichen:

1. Gesundheit und Fitness
2. Freizeit und Umwelt
3. Leisten und Gestalten
4. Fairness und Kooperation

---

4 „Pädagogische Perspektiven“ in NRW, „Leitgedanken zum Kompetenzerwerb“ in Baden-Württemberg, „Lernbereiche“ in Bayern.

Gesundheit und Fitness

Wollen Sie in einer Unterrichtseinheit den Schwerpunkt des gesundheitsorientierten aeroben Ausdauertrainings setzen, können Sie dazu das Erlernen einer HipHop-Choreographie verwenden. Der Tanzstil HipHop eignet sich insbesondere deshalb hervorragend, da durch die Verwendung aktueller Musik die Motivation der Schüler sehr hoch ist und sie scheinbar unbemerkt etwas Gutes für ihre Gesundheit und Fitness tun. Dieser unbewusste Zugang zum Sporttreiben kann als Ansatzpunkt genutzt werden, Jugendliche auch außerhalb des Schulsports für Tanz- oder Fitnessangebote zu begeistern.

Freizeit und Umwelt

Unter anderem durch Musiksender und viele populäre Plattformen im Internet, ist die HipHop-Kultur und dessen Ausprägung in Tanz und Musik allgegenwärtig. Dadurch sind die Schüler sehr interessiert, mehr über den geschichtlichen Hintergrund und das technische Fachwissen des HipHops zu lernen.

Der Tanzstil HipHop bietet über den Schulsport hinaus die Möglichkeit, sowohl einen aktuellen Bezug zu dieser beliebten Jugendkultur herzustellen, als auch die Jugendlichen zu einer sinnvollen Nutzung ihrer Freizeit zu bewegen. Private Tanzstudios bieten auf Grund der großen Nachfrage immer mehr HipHop-Kurse an. Hier lernen tanzbegeisterte Teilnehmer Choreographien und Grundschritte aus aktuellen Musikvideos und können diese auch zu Hause alleine oder mit Freunden nachtanzen.

Leisten und Gestalten

Durch den Tanzstil HipHop und seine verschiedenen Stilrichtungen, entsteht für die Schüler die Möglichkeit, sich kreativ und variantenreich mit unterschiedlichsten Bewegungen auszudrücken.

Indem sie lernen, ihre eigenen kreativen Bewegungskompositionen zu präsentieren, Herausforderungen anzunehmen und dabei etwas zu wagen, leisten Schüler ebenfalls einen wertvollen Beitrag zur positiven Entwicklung ihrer gesamten Persönlichkeit.

Außerdem kann nach Berkemann (2007, S.11) *„eine wachsende Kompetenz in seinen Teilinhalten […] dazu führen, in der Bewegung und in ihren Ausdrucks- und Gestaltungsmöglichkeiten sicher und damit selbstsicher zu werden“*.

Dieses erlangte Selbstbewusstsein bewirkt zudem, dass sich Schüler durch selbstgestaltete Bewegungen oder Choreographien als initiativ und selbstwirksam erleben und somit auch das Selbstkonzept der Schüler positiv ausgebildet werden kann (ebd., 2007).

Fairness und Kooperation

HipHop eignet sich für Schüler auf Grund seiner relativ einfachen und variabel kombinierbaren Grundschritte gut für kooperative Vermittlungsmethoden. Schüler müssen, wenn sie in der Gruppe eigene Bewegungssequenzen gestalten mit anderen Schülern kooperieren. Gerade die in diesem Buch vermittelten Vermittlungsmethoden wie beispielsweise das Gruppenpuzzle, zielen auf die Verwirklichung von Teamgeist und Konfliktlösungsfähigkeit ab. Darüber hinaus kann die nonverbale Kommunikationsfähigkeit der Schüler verbessert und auch die Wahrnehmungsfähigkeit für das eigene Bewegen und das der Anderen geschult werden.

Fazit

Die Betrachtung der Sportrichtlinien zeigt, dass rhythmisch-gestalterische Formen der Bewegungsverbindungen in allen drei Bundesländern vorgesehen sind. Lediglich Bayern benennt die Tanzform HipHop jedoch explizit. Durch sein Variantenreichtum, den koordinativen und konditionellen Anspruch und der gestalterischen Vielfältigkeit, entspricht HipHop den jeweils formulierten Anforderungen allerdings in hohem Maße. Die Vermittlung von HipHop im Sportunterricht erlangt somit absolut seine Daseinsberechtigung.

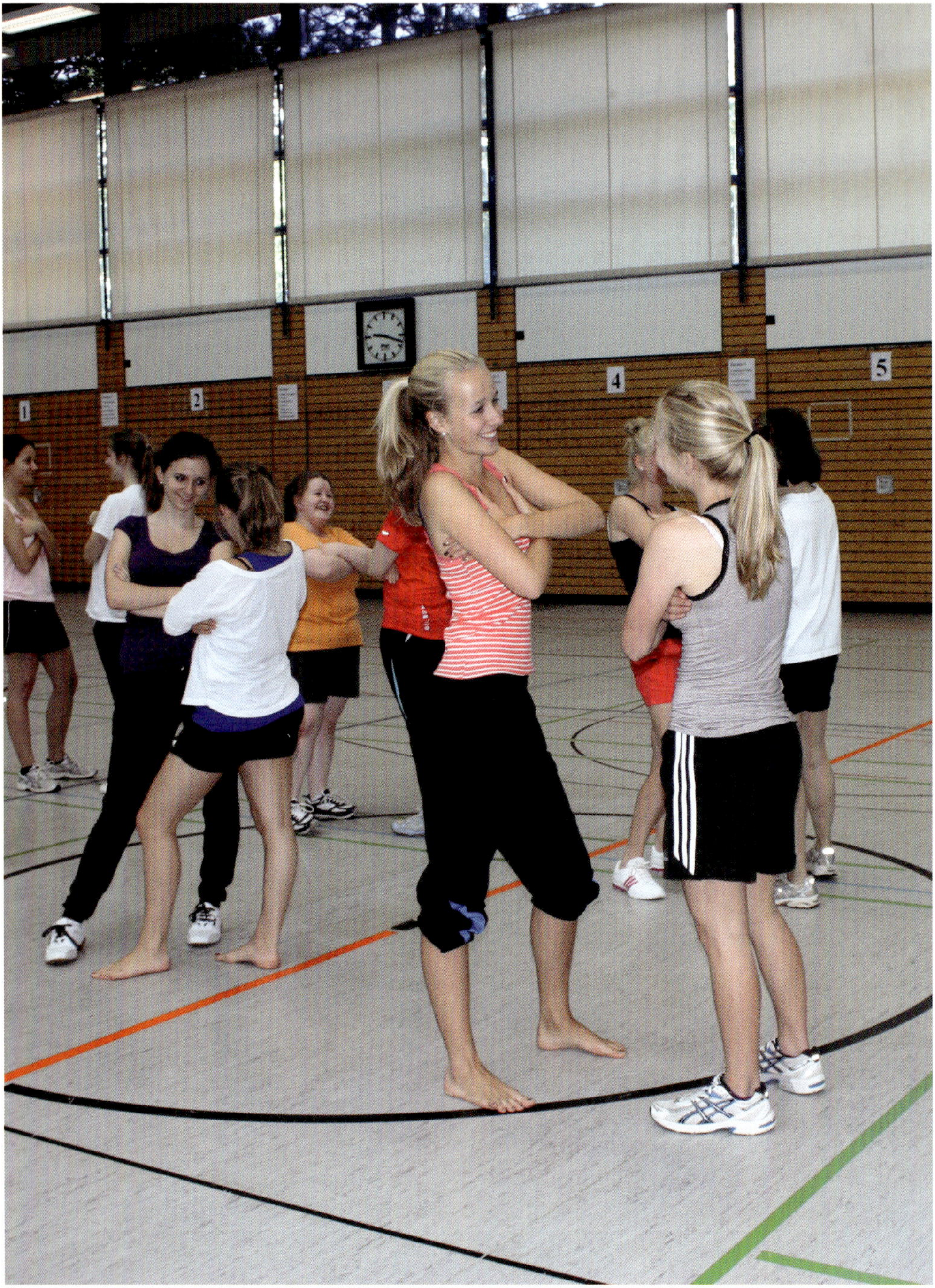

Kapitel

2

Vermittlung von HipHop im Sportunterricht

2 Vermittlung von HipHop im Sportunterricht

2.1 Tipps …

2.1.1 Tipps … für Sie als Lehrperson

Einzählen im Takt

- Im Tanz hat sich durchgesetzt, dass in der gängigen und hier verwendeten Popmusik, gewöhnlich zwei Vierteltakte zu einer Einheit von demnach acht Taktschlägen zusammengefasst werden. Man spricht im Tanz von „8 Zählzeiten", „8 *counts*" oder „8ern". Dies ist darin begründet, dass sich innerhalb dieser Einheit durch jeweils 4 Taktschläge ein musikalischer Spannungsbogen auf- und wieder abbaut. Auf den ersten Taktschlag einer solchen Einheit beginnt in der Regel jede Schrittfolge. Zählen Sie lieber einige Male eine Einheit durch, bis Sie Sich ganz sicher sind, den ersten Taktschlag zu erwischen.

Tab. 1: Einzählen

Gesprochenes	füünf		Seeechs		5	6	7	Mit	rechts
Zählzeiten	1	2	3	4	5	6	7	Und	8
Funktion	Einzählen							Einsatz geben	

Nonverbale Signale

- Legen Sie Sich (besonders in lauten Hallen) auf nonverbale Signale fest, mit denen Sie den Schülern Anweisungen geben können, ohne Ihre Stimme unnötig zu strapazieren. Beispielsweise:
  - Mit den Fingern „5, 6, 7" zeigen, doppelt klatschen auf „und 8", wenn Sie den Einsatz geben.
  - Mit der flachen Hand leicht oben auf den Kopf klopfen, wenn „alles von vorne" getanzt werden soll.
  - Mit den Händen umeinander kreisen, wenn der Schritt doppelt so schnell/langsam getanzt werden soll.
  - Mit dem Finger nach hinten zeigen, wenn Reihen getauscht werden sollen.

Mitsprechen

- Üben Sie Schritte sowohl mit Zählzeiten als auch mit Bewegungsbeschreibungen verbal zu begleiten, **während** Sie diese selber ausführen. Beispielsweise:

Tab. 2: Mitsprechen

Gesprochenes	Slide	Touch	Slide	Touch	fünf	sechs	Dreh	he	ung
Zählzeiten	1	2	3	4	5	6	7	und	8
Funktion	Choreographie verbal begleiten								

Die richtige Position zur Klasse

- Üben Sie, sowohl mit dem Rücken zu den Schülern in dieselbe Bewegungsrichtung als auch den Schülern gegenüberstehend, spiegelverkehrt zu tanzen.
- Achten Sie darauf, dass man Sie immer gut versteht, auch wenn Sie mit dem Rücken zu den Schülern stehen.

2.1.2 Tipps … für Ihre Organisation in der Sporthalle

Medieneinsatz

- Achten Sie darauf, dass Ihre Musikanlage laut genug ist für die Halle.
- Testen Sie vor der Stunde, ob die CD und das Abspielgerät auch wirklich funktionieren.

Hallenorganisation

- Sprechen Sie sich mit Ihren Kollegen über Ihr Unterrichtsvorhaben ab, damit es nicht zu Missstimmung kommt.
- Wenn es möglich ist, unterrichten Sie bei einer Dreifachturnhalle nicht im mittleren Hallendrittel. Sonst hallt die Musik durch alle Teile.
- Schaffen Sie eine etwas vertraulichere Atmosphäre in Ihrer Halle, indem Sie Sportgeräte wie Riesentrampolin, Kästen und große Matten als Raumteiler aufstellen.

Unterrichtsorganisation

- Vereinbaren Sie bei Blockaufstellungen eine Linie, hinter der die Schüler nicht stehen dürfen. So vermeiden Sie die ständige Aufforderung: „Bitte kommt weiter nach vorne, damit ich nicht so laut rufen muss.“
- Lassen Sie regelmäßig die Reihen wechseln. Da es in einer normalen Sporthalle keinen Spiegel gibt, soll jeder gut sehen, beziehungsweise sich nicht verstecken können.
- Achten Sie darauf, dass alle Schüler immer genug Platz haben! Oft lassen sich Schüler schnell nach hinten oder an die Seiten drängen.

2.1.3 Tipps … für die Einführung von HipHop im Unterricht

Anknüpfen …

- Knüpfen sie an das Vorwissen der Schüler zu dieser Jugendkultur an:
  - Fragen Sie, was den Schülern zum Thema HipHop einfällt und sichern Sie diese Ergebnisse beispielsweise auf einem Poster. Vielleicht gibt es sogar Schüler, die bei diesem Thema als Experten fungieren können.
  - Verlagern Sie die tiefergehende Auseinandersetzung mit dem Thema HipHop in die Hausaufgabe unter Verwendung unseres Materials.

KV 1

HipHop – The Whole Picture

- Zusätzlich:
  - Spielen Sie eine HipHop-Videosequenz oder Teile aus HipHop-Tanzfilmen ab.
  - Zeigen Sie ein CD-Cover oder ein Graffiti-Bild.

- Zeigen Sie ein Poster, auf dem z. B. ein HipHop-Tänzer abgebildet ist.
- Greifen Sie den Musikgeschmack der Schüler auf. Lassen Sie z. B. eigene CDs oder MP3-Player mitbringen und bestimmte Künstler oder Songs als kurze Referate vorstellen.

2.1.4 Tipps … für die Motivation der Schüler

- Lassen Sie kurze Kraftübungen machen, wenn Sie merken, dass die Motivation und Konzentration nachlässt.
- Übergeben Sie Schülern einmal die Lehrerrolle!
- Lassen Sie kleine Gruppen vortanzen und den Rest der Klasse als Publikum kurz nach vorne kommen. Das steigert die Energie und spornt die Schüler gegenseitig an.
- Sortieren Sie Schüler in verschiedenen Gruppen z. B. nach Geburtsmonat, Haarfarbe oder Kleidungsfarbe.
- Filmen Sie einzelne Gruppen. Somit haben sowohl Sie eine gute Möglichkeit auf Schrittmaterial zurückzugreifen, als auch Schüler die Chance, sich selbst einmal tanzen zu sehen.
- Zeigen Sie den Schülern ein Ziel auf, warum sie z. B. eine eigene Gruppenchoreographie erstellen sollen (Bsp.: Auftritt beim Schulfest).

2.1.5 Tipps … für die passende Musik

Musik auswählen

Die in Ihrer Unterrichtsstunde verwendeten Musiktitel sollten aktuell sein und den Geschmack der Schüler treffen. Dadurch werden die Schüler enorm motiviert. Auf den bekannten Musikplattformen, Downloadportalen, Radio- und Musiksenderseiten im Internet, kann man die aktuellen Charts (Hitparaden) einsehen, kaufen und herunterladen. Außerdem gibt es in jedem Musikfachgeschäft CDs, die die aktuellen Hits auf sogenannten *Compilations* zusammenfassen. Es bietet sich jedoch auch an, Schüler damit zu beauftragen, Ihnen eine Liste von gewünschten Titeln zu erstellen oder diese gleich für Sie auf CD zu brennen oder in digitaler Version bereitzustellen (IPods oder MP3-Player können an jeden neueren Ghettoblaster angeschlossen werden).

Natürlich können Sie auch ältere Musiktitel verwenden, die Ihrer Meinung nach passend sind. Hierbei gilt nach unseren Erfahrungen, dass die Mischung aus aktuellen und älteren Musiktiteln stimmen sollte.

Die Musikauswahl richtet sich stark nach der Verwendung im Unterricht. Für die musikalische Begleitung des Warm Ups, der Grundschritte sowie für die Begleitung von Choreographien im Sportunterricht bieten sich Titel an, die wenige oder keine Rhythmusunterbrechungen, Pausen oder Tempowechsel haben. Die Titelauswahl für den Unterricht sollte langsame und schnelle Titel beinhalten, so dass beim Üben das Tempo variiert werden kann. Außerdem ist das Einüben somit etwas abwechslungsreicher und Kollegen in anderen Hallenteilen sind nicht so schnell strapaziert. ☺

Gilt es jedoch einen Musiktitel für einen Auftritt zu wählen, können Rhythmuswechsel, Stopps, „Ausrufe“ und andere Raffinessen von Vorteil sein, da sie kreative Ansätze zur Gestaltung der Choreographie bieten.

Sie sollten sich für ihren Unterricht eine CD brennen (oder von Schülern brennen lassen), oder eine Playlist auf Ihrem MP3-Player oder Smartphone erstellen, die in etwa folgenden Aufbau hat:

Tab. 3: Musikauswahl

Stundenabschnitt	**Musiktitel**
1. Warm Up/Isolations	2-3 langsame Titel (80 BPM)
2. Grundschritte	2 langsame Titel (80 BPM) 2 schnellere Titel (90-100 BPM)
3. Kraft	1-2 schnelle Titel (100 BPM +)
4. Stretch	1-2 langsame Titel ($\leq$ 80 BPM)
5. Choreographie	2 langsame (80 BPM) 2 schnellere (90-100 BPM) Titel für den eventuellen Auftritt
6. Cool Down	1-2 langsame Titel (80 BPM)

Im Folgenden wird eine praktikable Vorgehensweise erklärt, mit der Sie schnell und effektiv Musiktitel auszählen, visualisieren und dadurch auf ihre Verwendbarkeit im Tanzunterricht hin prüfen können.

- Lassen Sie das Musikstück abspielen.
- Machen Sie einen Strich pro 8 Zählzeiten in der ersten Spalte.[5]
- Notieren Sie (währenddessen oder im Nachhinein) in die nebenstehende Spalte um welchen Formteil es sich handelt: Intro, Refrain, Strophe, Break, Bridge, Outro oder freie Teile. Sie können auch markante Textstellen notieren.

---

[5] Erläuterung der „8 Zählzeiten“ – siehe Kapitel 2.1.1, Seite 16.

- Sobald sich das Musikstück verändert und ein neuer Formteil beginnt, gehen Sie eine Zeile weiter. Nach und nach werden Sie ein Gefühl dafür entwickeln, wann ein neuer Formteil beginnt.
- Sie können (währenddessen oder im Nachhinein) in die dritte Spalte Bewegungs- oder Aufstellungsideen notieren.

Tab. 4: Musiktitel auszählen

Zählzeiten	Formteil	Notiz
1 Strich = 8 Zählzeiten	Intro, Refrain, Strophe, Bridge, Break, Outro, freie Teile…	Bewegungsideen, Aufstellungen…
II	Intro	Reinlaufen von den Seiten
IIII IIII	1. Strophe	Block, Choreo frontal
IIII	1. Refrain „you love me"	Partnerteil
IIII IIII	2. Strophe	Block, Choreo frontal

KV 2 Musik auszählen

Kapitel

3

Kooperative Vermittlungsmethoden

3 Kooperative Vermittlungsmethoden

Laut Konrad und Traub (2008, S. 5)
„bezeichnet kooperatives Lernen eine Interaktionsform, bei der die beteiligten Personen gemeinsam und in wechselseitigem Austausch Kenntnisse und Fertigkeiten erwerben. Im Idealfall sind alle Gruppenmitglieder gleichberechtigt am Lerngeschehen beteiligt und tragen gemeinsam Verantwortung".

HipHop kooperativ vermitteln

Das sportliche Handlungsfeld HipHop eignet sich gut für die Anwendung schülerzentrierter Vermittlungsmethoden im Sportunterricht. Beim gemeinsamen Erarbeiten einzelner Grundschritte oder einer Gruppenchoreographie erfahren die Schüler sehr schnell, dass sie nur an ihr Ziel kommen, wenn sie kompromissbereit handeln, Kritik ausüben sowie annehmen und respektvoll miteinander umgehen.

Dies fördert die Kommunikationsfähigkeit der Schüler in großem Maße. Außerdem vermittelt ihnen diese Vorgehensweise das Gefühl von Verantwortung für ihr eigenes Handeln, da sie einen unabdingbaren Teil der Gruppe darstellen, ohne den beispielsweise eine Aufstellung nicht funktionieren würde.

Es darf bei der gerade angesprochenen Interaktion während einer kooperativen Gruppenarbeit jedoch nicht davon ausgegangen werden, dass das Geben und Nehmen von Informationen automatisch funktioniert und dass Schüler von Anfang an in der Lage sind, selbst die Interaktion zu strukturieren. Deshalb gilt nach Konrad und Traub (2008), dass, je unerfahrener die Schüler mit dem Umgang einer kooperativen Lernform sind, die Strukturierung durch Sie umso höher sein muss. Dabei kann sowohl die Vergabe von unterschiedlichen Rollen als auch die Strukturierung der Aufgabe, in Form eines Arbeitsplanes, für die Gruppe hilfreich sein.

Lehrer als Berater und Beobachter

Generell gilt, dass Sie sich während der ganzen Gruppenarbeitsphase als Lehrer zurücknehmen und eher als Berater und Beobachter fungieren sollten. Es gilt:
„Frei gewordene Kapazitäten nutzt der Lehrer für die Beobachtung der Schüleraktivitäten und individuelle Hilfestellungen" (Achtergarde, 2007, S. 69).

Unser Material für Sie als Fundus

Im Folgenden werden exemplarisch drei verschiedene kooperative Vermittlungsmethoden vorgestellt, die in der von uns konzipierten Unterrichtseinheit *„Von der ersten Begegnung mit dem Thema Tanz bis*

KV 4+5
Grundschritte und Beschreibung

hin zur bühnenreifen HipHop-Choreographie" angewendet werden können (siehe Kapitel 5). Die Schüler können sich durch alle drei Vermittlungsformen die Grundschritte (siehe Kapitel 4.2) oder Choreographien (siehe Kapitel 4.3) erarbeiten. Diese liegen vor in Form von:

- Bilderreihen,
- Bewegungsbeschreibungen und
- Videosequenzen.

Sie als Lehrperson können aus diesem Material wählen und abwägen, was speziell für Ihre Schüler je nach Altersstufe und Vorkenntnissen oder aufgrund der räumlichen Gegebenheiten am ehesten in Frage kommt. In allen drei Beispielen wird von circa 30 Schülern pro Klasse ausgegangen.

3.1 Gruppenpuzzle

Theoretischer Hintergrund

Die Gruppenpuzzle-Methode (Konrad & Traub, 2008), auch *Jigsaw*-Methode genannt, wurde von Aronson in den 1970er Jahren entwickelt und von Clarke (1994) in vier Phasen aufgeteilt. Diese Methode unterstützt die Zusammenarbeit der Schüler durch eine „strukturierte Interdependenz" (Konrad & Traub, 2008, S. 110). Das heißt, dass alle Gruppenmitglieder ein unabdingbarer Teil der Gruppe sind, da sie durch „spezifische Aufgabenstellungen voneinander abhängig" sind (Konrad & Traub, 2008, S. 110) und nur durch den vollen Einsatz aller, ein positives Endergebnis erreicht werden kann.

Durchführung

Zu Beginn der Gruppenarbeit teilen Sie die Klasse in Stammgruppen auf. Dabei ergeben sich bei einer Klasse mit 30 Schülern fünf Gruppen à 6 Schüler.

Dieses Gruppenpuzzle zielt darauf ab, dass Schüler neben der Förderung kooperativer Kompetenzen (Selbstständigkeit, Teamfähigkeit, Verantwortung) an die Grundschritte des HipHops herangeführt werden. Dies bedeutet, dass jede der sechs Expertengruppen einen Grundschritt zugewiesen bekommt, welchen sie erarbeiten und im Anschluss in ihren Stammgruppen den anderen Mitgliedern beibringen sollen. In jeder Stammgruppe befindet sich somit mindestens ein Experte pro Thema bzw. pro Grundschritt.

Am Ende dieser schülerzentrierten Phase sollten somit alle Schüler die sechs ausgewählten Grundschritte beherrschen.

Während dieser gesamten Phase können Sie zur Unterhaltung HipHop-Musik laufen lassen, um eine passende Atmosphäre in der Turnhalle zu schaffen.

Um diese Phase abzuschließen, kann sich eine Evaluation innerhalb der Gruppen und im Klassenplenum anschließen.

Übersicht Gruppenpuzzle

Zielgruppe	Alle Klassenstufen jeder Schulform, keine Tanzerfahrung notwendig, Erfahrung mit kooperativen Lernmethoden hilfreich
Ziele	**6 Grundschritte aus dem HipHop** (Schrittauswahl je nach Altersstufe und Vorkenntnissen) **Förderung kooperativer Kompetenzen** (Selbstständigkeit, Teamfähigkeit; Verantwortung)
Material	Schriftliche Bewegungsbeschreibungen und/oder Bilderreihen und/oder Videosequenzen
Phasen	

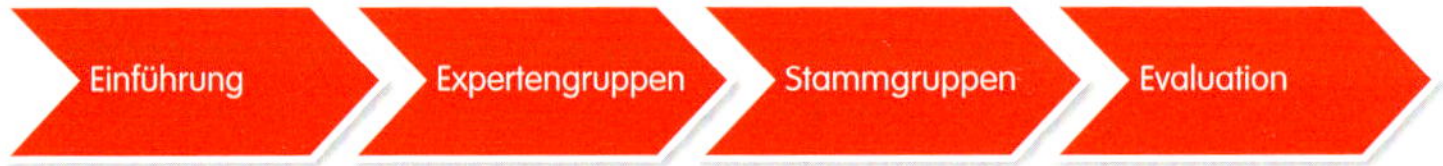

Einführung	Erläuterung der Methode
Expertengruppen	6 Gruppen erarbeiten je einen Grundschritt
Stammgruppen	5 Gruppen à 6 Schüler (pro Gruppe für jeden Schritt ein Experte); gegenseitige Vermittlung der sechs Schritte
Optionale Evaluation	Feedback zu kooperativer Lernmethode zum Ablauf der Gruppenphasen

Abb. 1: Gruppenpuzzle

3.2 Stationenlernen

Theoretischer Hintergrund

Die Methode Lernen an Stationen (vgl. Achtergarde, 2007) ist eine Form der Freiarbeit, die sich von der Methode des Zirkeltrainings ableitet. Im Gegensatz zu der eher starren Ausrichtung des Zirkeltrainings können die Schüler im Stationenlernen selbstständig die Reihenfolge der Stationen wählen. Es gibt dabei nicht nur Pflichtstationen, die im Laufe einer Unterrichtseinheit von den einzelnen Gruppen angelaufen werden müssen, sondern auch Wahlstationen. Diese Wahlstationen können zum einen von Gruppen angelaufen werden, die schon Erfahrung mit einem Thema haben und deswegen Pflichtstationen schneller durchlaufen haben. Zum anderen können Wahlstationen aber auch von Gruppen angelaufen werden, wenn die noch nicht besuchten Pflichtstationen von anderen Gruppen belegt sind.

Übersicht Stationenlernen

Zielgruppe	Alle Klassenstufen jeder Schulform, keine Tanzerfahrung notwendig, Erfahrung mit kooperativen Lernmethoden hilfreich
Ziele	**6 Grundschritte aus dem HipHop** (Schrittauswahl je nach Altersstufe und Vorkenntnissen), **Förderung kooperativer Kompetenzen** (Selbstständigkeit, Teamfähigkeit; Verantwortung)
Material	Schriftliche Bewegungsbeschreibungen und/oder Bilderreihen und/oder Videosequenzen

Phasen

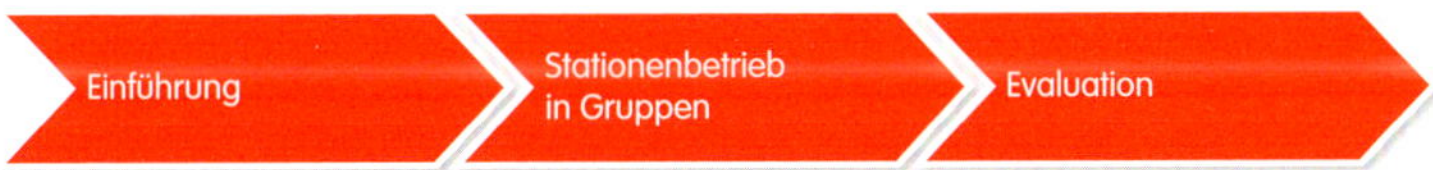

Einführung	Erläuterung der Methode
Stationenbetrieb	5 Gruppen à 6 Schüler; 6 Pflichtstationen à ein Grundschritt, 3 Wahlstationen
Optionale Evaluation	Feedback zu kooperativer Lernmethode zum Ablauf der Gruppenphasen

Abb. 2: Stationenlernen

Durchführung

Bevor die Schüler mit dem Stationenlernen beginnen, teilen Sie die Schüler in fünf Gruppen à 6 Schüler ein und beschreiben die Methode des kooperativen Stationenlernens und die dabei angestrebten Lernziele. Um eine kooperative Gruppenarbeit zu erreichen ist es wichtig, dass die Gruppen von Ihnen vorgegebene Rollen selbstständig innerhalb der Gruppe verteilen. Mögliche Rollen sind hierbei:

- Zeitwächter,
- Protokollschreiber für die spätere Evaluation,
- *Presenter* bei der folgenden Präsentation.

Somit wird gewährleistet, dass jeder Schüler für das Erreichen des Gruppenziels unabdingbar ist und die Schüler auch wirklich kooperieren müssen.

Jede Gruppe erhält im Anschluss daran einen Laufzettel. Dieser Laufzettel enthält neben dem Arbeitsauftrag einen Hallenplan, welcher die Lage der sechs „Grundschritte-Stationen“ und der drei Wahlstationen anzeigt.

KV 3 Arbeitsauftrag Stationenlernen

Je weniger Erfahrung die jeweilige Klasse mit dieser Form des Lernens hat, umso strenger sollte die Zeiteinteilung von Ihnen vorgegeben werden.

Sie können nun als Startzeichen eine HipHop-CD in die Stereoanlage einlegen und diese leise im Hintergrund laufen lassen. Die Gruppen verteilen sich daraufhin selbstständig an eine der zur Wahl stehenden Stationen. Dort stehen zur Aneignung eines Tanzschrittes entweder Bewegungsbeschreibungen, Bilderreihen oder Videokapitel des Schrittmaterials zur Verfügung.

Siehe Kapitel 4, 5 und CD

Sobald die gesamte Gruppe einen Grundschritt beherrscht oder ein vorgegebenes Zeitlimit erreicht wurde, wechselt diese Gruppe erneut selbstständig zu einer weiteren freien Station.

Wenn alle Gruppen die sechs Pflichtstationen durchlaufen haben, empfiehlt es sich, noch einmal alle Grundschritte üben zu lassen, damit auch sichergestellt ist, dass die zu Anfangs erlernten Schritte nicht vergessen worden sind. In dieser Phase kann das Üben erst ohne und dann mit Musik erfolgen.

Bounce am Platz	Indie Rock vor	Bounce mit Gewichtsverlagerung
Step Touch Side-in	Kick Ball Change mit Lean	Bounce mit Knieheben
Slide Touch	Jump Cross mit Pencil Turn	Step Touch Side to Side

Arbeitsauftrag:
Eignet Euch alle 6 Grundschritte mit Hilfe des jeweiligen Materials an!
In welcher Reihenfolge Ihr die Stationen anlauft bleibt Euch überlassen!

Falls Ihr früher fertig werdet oder eine bestimmte Grundschritte-Station belegt ist, könnt Ihr auch eine Wahlstation anlaufen.

☐ = Grundschritte-Station
☐ (farbig) = Wahlstation

Abb. 3: Beispiel: Arbeitsauftrag Stationenlernen

Abschließend kann eine kurze Evaluation erfolgen. Die Gruppenphase kann hierbei sowohl thematisch als auch inhaltlich aufgearbeitet werden und den Schülern die Möglichkeit bieten, sich über gemeinsam gemachte Erfahrungen in den Gruppen auszutauschen. Der zuvor ausgeteilte Laufzettel kann in diesem Rahmen von den Gruppen für ein kurzes Feedback genutzt werden.

3.3 Lernen durch Lehren nach Martin

Theoretischer Hintergrund

Die Methode Lernen durch Lehren, kurz LdL, basiert auf den Forderungen der Reformpädagogik und vertritt die „Prinzipien der Schüleraktivierung und der Lernerautonomie“ (Martin, 1994, S. 12). Nach Martin (2002) bedeutet dies, dass sich LdL klar gegen lehrerzentrierten Unterricht stellt und stattdessen eine selbstbestimmte, aktive Auseinandersetzung der Schüler mit dem Lernstoff fordert.

„Durch die Übertragung der Stoffdarstellung und -einübung auf die Schüler werden die im Lehrplan [...] angegebenen Lernziele organisch erreicht. Das bedeutet, dass der Lehrer nicht mehr auf eine günstige Gelegenheit [...] warten muss, um schülerzentrierte Formen einzusetzen, sondern dass die Grundstruktur des Unterrichts gar keine andere Möglichkeit als eine schülerzentrierte zulässt“ (Martin, 2002, S. 5).

Konkret bedeutet dies, dass Schüler Unterrichtsinhalte vertiefen, indem sie diese anderen Schülern vermitteln. Dabei ergibt sich der Vorteil, dass Schüler von Anfang an motiviert werden, da sie „wissen, dass ihre Beschäftigung mit den Inhalten zu einer anspruchsvollen und kompetenten Präsentation führen muss“ (ebd., 2002, S. 6). Schüler lernen somit, Lerninhalte so zu strukturieren, dass diese für alle verständlich leicht erlernbar werden.

Durchführung

Auch bei dieser Gruppenarbeit sollte der Ablauf des Unterrichts sowie die Methode LdL vorgestellt werden. Sie teilen die Klasse in sechs Gruppen ein, wobei jede Gruppe für die Vorbereitung und Präsentation eines bestimmten Grundschrittes verantwortlich ist. Um eine kooperative Gruppenarbeit zu erreichen ist es wichtig, dass die Schüler die von Ihnen vorgegebenen Rollen selbstständig innerhalb in ihrer Gruppe verteilen. Mögliche Rollen sind hierbei:

- Zeitwächter,
- Protokollschreiber für die spätere Evaluation,
- *Presenter* bei der folgenden Präsentation.

Übersicht Lernen durch Lehren

Zielgruppe	Alle Klassenstufen jeder Schulform, keine Tanzerfahrung notwendig, Erfahrung mit kooperativen Lernmethoden hilfreich
Ziele	**6 Grundschritte aus dem HipHop** (Schrittauswahl je nach Altersstufe und Vorkenntnissen) **Förderung kooperativer Kompetenzen** (Selbstständigkeit, Teamfähigkeit; Verantwortung)
Material	Schriftliche Bewegungsbeschreibungen und/oder Bilderreihen und/oder Videosequenzen
Phasen	

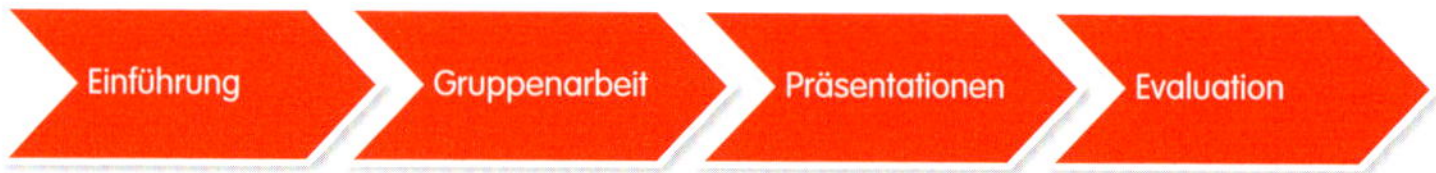

Einführung	Erläuterung der Methode
Gruppenarbeit	6 Gruppen à 5 Schüler erarbeiten jeweils einen Schritt und seine Präsentation (Schrittauswahl je nach Altersstufe und Vorkenntnissen)
Präsentationen	Jede Gruppe präsentiert und vermittelt den anderen Gruppen ihren Schritt
Optionale Evaluation	Feedback zu kooperativer Lernmethode zum Ablauf der Gruppenphasen

Abb. 4: Lernen durch Lehren

Somit wird gewährleistet, dass jeder Schüler für das Erreichen des Gruppenziels unabdingbar ist und die Schüler auch wirklich kooperieren müssen.

In der darauf folgenden Vorbereitungsphase können sich die Gruppen in der ganzen Halle mit dem zur Verfügung stehenden Material verteilen. Sie sollen sich selber den Grundschritt aneignen und sich darüber hinaus überlegen, wie sie diesen dem Rest der Klasse vermitteln wollen.

Im Anschluss daran vermittelt jede Gruppe nacheinander ihren Grundschritt dem Rest der Klasse. Ob sie dabei Musik verwenden oder nicht, oder welchen didaktisch-methodischen Weg sie wählen, bleibt den Schülern dabei selbst überlassen.

Genau wie bei den zwei zuvor vorgestellten Methoden kann sich auch hier eine Phase der Evaluation anschließen.

Kapitel 4

Konkretes Schrittmaterial

4 Konkretes Schrittmaterial

Das Schrittmaterial zu den folgenden Kapiteln liegt jeweils in Form von

- Bilderreihen,
- Bewegungsbeschreibungen und
- Videosequenzen vor.

Die Videosequenzen (V) finden Sie auf der beiliegenden DVD unter der entsprechenden Ziffer (V1 – V28).

4.1 Warm Up

1

Wie in jeder anderen Sportstunde, steht auch in Tanzstunden am Anfang die Erwärmung. Nach einer allgemeinen Erwärmung (Bsp.: kleine Spiele), die der Aktivierung des Herz-Kreislauf-Systems dient, umfasst die folgende spezifische Erwärmung erste tanz-technische Elemente. Es hat sich durchgesetzt, dass es sogenannte *Isolations* beinhaltet. Hierbei werden alle Körperteile isoliert voneinander bewegt. Somit werden Koordination und Beweglichkeit geschult.

Isolations

Wir gehen nach dem Kopf-bis-Fuß-Prinzip vor, da es sich in der Praxis als gut nachvollziehbare Methode erwiesen hat:

- Kopf
- Schultern
- Arme
- Brustbein
- Hüfte
- Körperwelle

Auf der beiliegenden DVD sowie in der nachstehenden Tabelle finden Sie ein konkretes Warm Up, das für dieses Buch konzipiert wurde. Natürlich können Sie dieses Warm Up individuell verändern. Wie oft eine Bewegung ausgeführt wird, richtet sich ganz nach Ihren Schülern und deren Leistungsstand.

Grundsätzlich gilt: Je unerfahrener die Schüler, desto häufiger sollte eine Bewegung wiederholt werden bzw. desto weniger Variationen sollten verwendet werden.

Je unerfahrener, desto weniger Variationen – Keep it clean and simple!

Der Aufbau des Warm Ups auf der DVD:

Aufbau	Zähl-zeiten	Bewegung
Kopf	1x8	Kopf rechts/links
	1x8	Kopf seitlich neigen
	1x8	Kopf über vorne rechts
	1x8	Kopf über vorne links
	1x8	Kopf kreisen langsam rechts
	1x8	Kopf kreisen langsam links
	1x8	Kopfkreis mit Oberkörper langsam rechts
	1x8	Kopfkreis mit Oberkörper langsam links
	1x8	Kreis mit ganzem Körper rechts
	1x8	Kreis mit ganzem Körper links
Schultern	2x8	Schultern hoch/tief
	1x8	Schulterkreisen rück
	1x8	Schulterkreisen vor
	1x8	Schultern heben im Wechsel
	1x8	Schultern heben im Wechsel mit Gewichts-verlagerung
Arme	1x8	Armwelle: Vier Teilbewegungen langsam rechts
	1x8	Armwelle: Vier Teilbewegungen langsam links
	1x8	Armwelle: Vier Teilbewegungen schnell rechts
	1x8	Armwelle: Vier Teilbewegungen schnell links
	1x8	Armwelle: Im Fluss ohne Stopps in der Ausführung
	1x8	Armwelle mit Gewichtsverlagerung
Brustkorb	1x8	Brustkorb langsam vor/rück
	1x8	Brustkorb schnell vor/rück
	1x8	Brustkorb langsam rechts/links
	1x8	Brustkorb schnell rechts/links
	1x8	Brustkorb kreisen (Stationen) langsam rechts
	1x8	Brustkorb kreisen (Stationen) schnell rechts
	1x8	Brustkorb kreisen (im Fluss) langsam rechts
	1x8	Brustkorb kreisen (im Fluss) schnell rechts
	1x8	Brustkorb kreisen (Stationen) langsam links
	1x8	Brustkorb kreisen (Stationen) schnell links
	1x8	Brustkorb kreisen (im Fluss) langsam links
	1x8	Brustkorb kreisen (im Fluss) schnell links

Aufbau	Zähl-zeiten	Bewegung
Hüfte	1x8	Hüfte langsam vor/rück
	1x8	Hüfte schnell vor/rück
	1x8	Hüfte langsam rechts/links
	1x8	Hüfte schnell rechts/links
	1x8	Hüfte kreisen (Stationen) langsam rechts
	1x8	Hüfte kreisen (Stationen) schnell rechts
	1x8	Hüfte kreisen (im Fluss) langsam rechts
	1x8	Hüfte kreisen (im Fluss) schnell rechts
	1x8	Hüfte kreisen (Stationen) langsam links
	1x8	Hüfte kreisen (Stationen) schnell links
	1x8	Hüfte kreisen (im Fluss) langsam links
	1x8	Hüfte kreisen (im Fluss) schnell links
Körper-welle	1x8	Vorübung Körperwelle: von oben nach unten
	1x8	Körperwelle: von oben nach unten
	1x8	Vorübung Körperwelle: von unten nach oben
	1x8	Körperwelle: von unten nach oben

Spiegelverkehrte Perspektive beachten

Eine Bewegungseinheit (Beispielsweise „Kopf rechts/links“) wird im Folgenden jeweils in einem farblich abgesetzten Kasten angegeben. Dieser enthält eine kurze Bewegungsbeschreibung sowie eine Bildreihe.[6] Manche Bewegungseinheiten haben keine eigene Bilderreihe, da sich diese nicht von der vorangegangenen unterscheidet. Unter den Bildern finden Sie Zählzeiten, die Ihnen als Orientierungshilfe dienen sollen.

Zudem werden Techniktipps und an manchen Stellen Variationsmöglichkeiten angegeben.

[6] Beachten Sie hierbei, dass die Bilder aus Ihrer Perspektive spiegelverkehrt sind. Dies bedeutet, dass die Bewegungsbeschreibung „Kopf rechts“ für Sie als Betrachter als eine Bewegung nach links erscheint. Aus der Sicht des Tanzenden (Bild) ist es jedoch die Kopfbewegung nach rechts.

Kopf

Kopf rechts/links

→ Kopf drehen nach rechts-Mitte-links-Mitte.

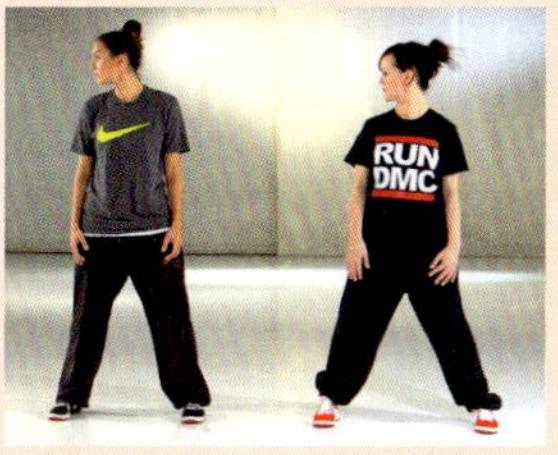

1

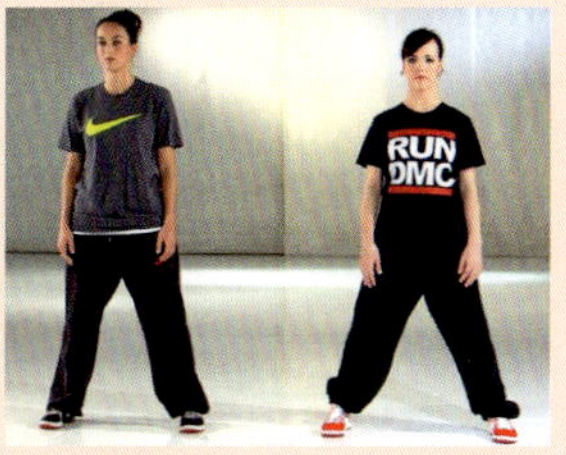

2

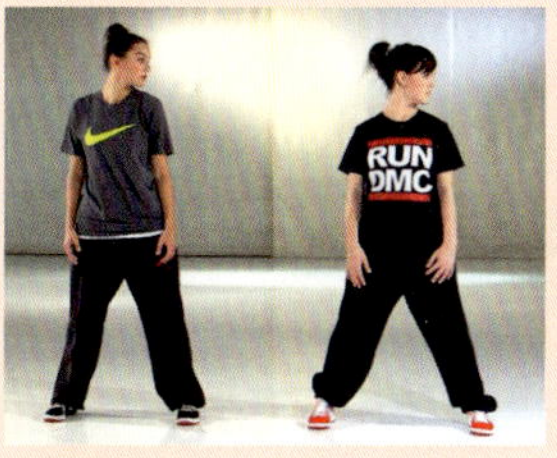

3

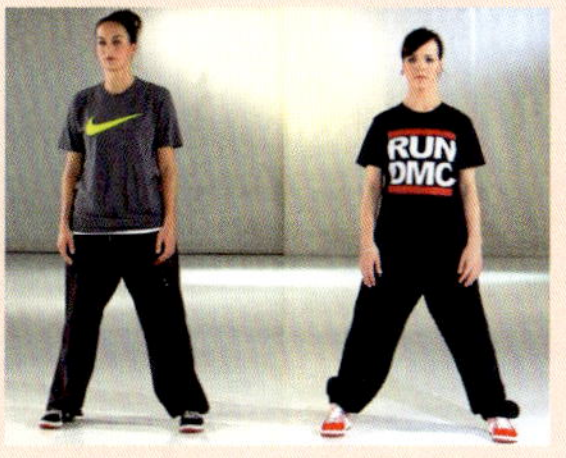

4

Techniktipp

Es ist darauf zu achten, dass sich wirklich nur der Kopf bewegt und nicht der gesamte Körper mit zur Seite gedreht wird. Dies gilt auch für alle anderen Isolations.

Kopf seitlich neigen

→ Kopf neigen nach rechts-Mitte-links-Mitte.

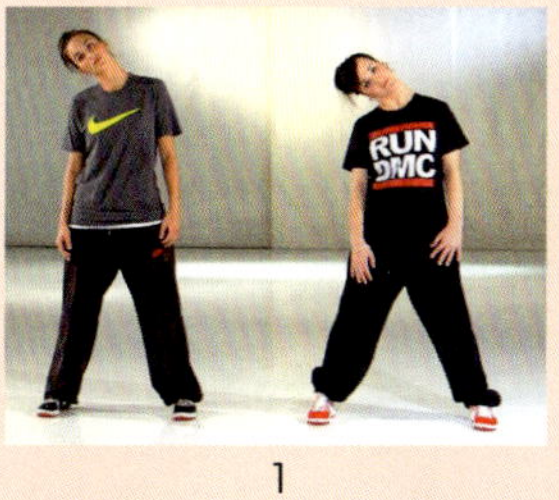

1

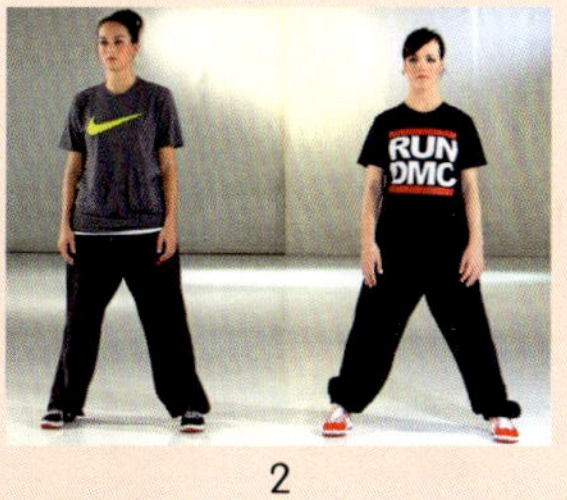

2

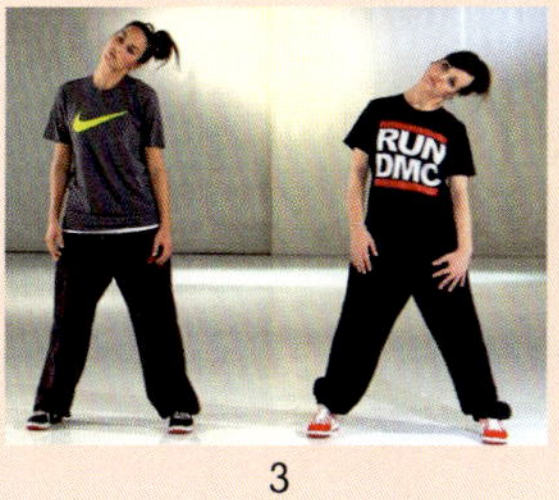

3

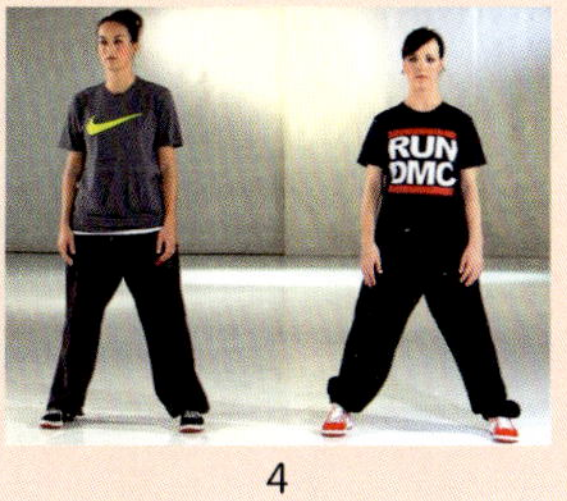

4

Techniktipp

Nase bleibt immer vorne, um seitliche Dehnung der Hals-Nacken-Muskulatur zu erzielen.

Kopf über vorne

- → Langsam Kopf neigen rechts-vor-links-Mitte (vgl. Bilder und Zählzeiten).
- → Langsam Kopf neigen links-vor-rechts-Mitte (Umkehrbewegung).

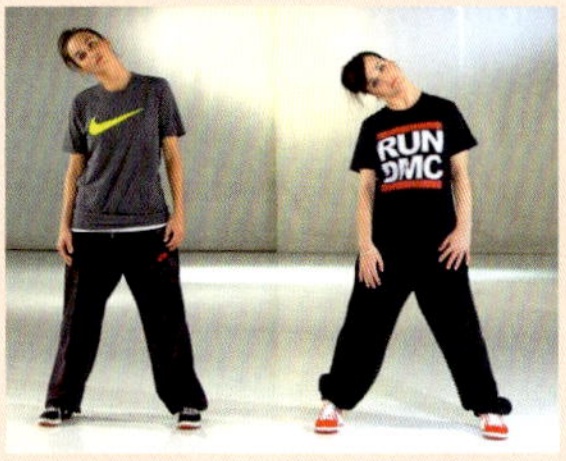

1-2

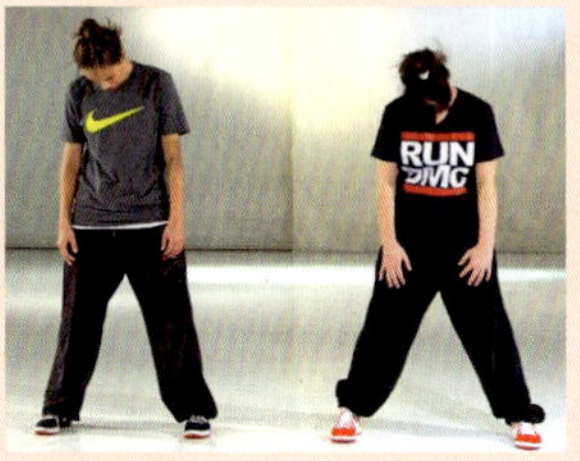

3-4

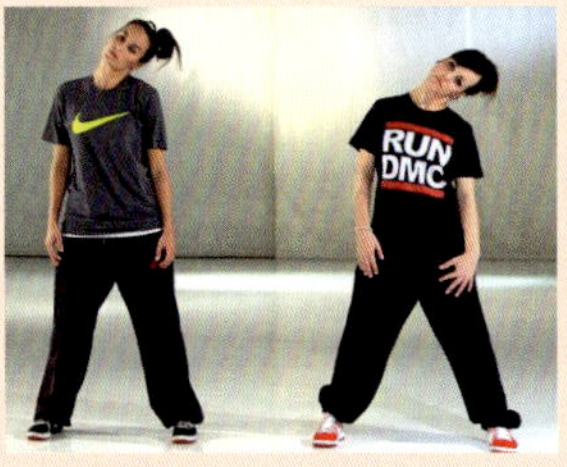

5-6

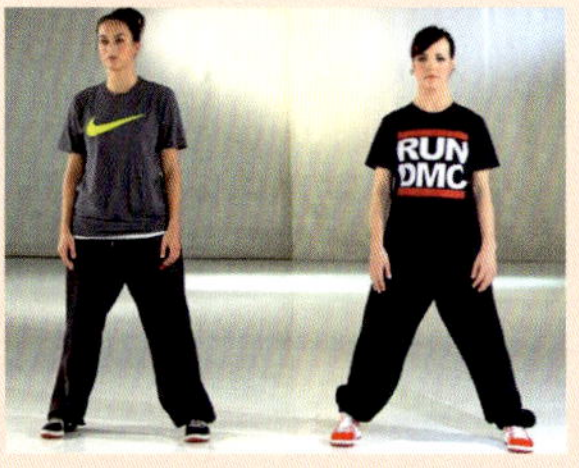

7-8

Techniktipp

Nicht über hinten kreisen, um die Halswirbelsäule zu schonen.

Kopf kreisen

- → Langsamer Kopfkreis über rechts (vgl. Bilder und Zählzeiten).
- → Langsamer Kopfkreis über links (Umkehrbewegung).

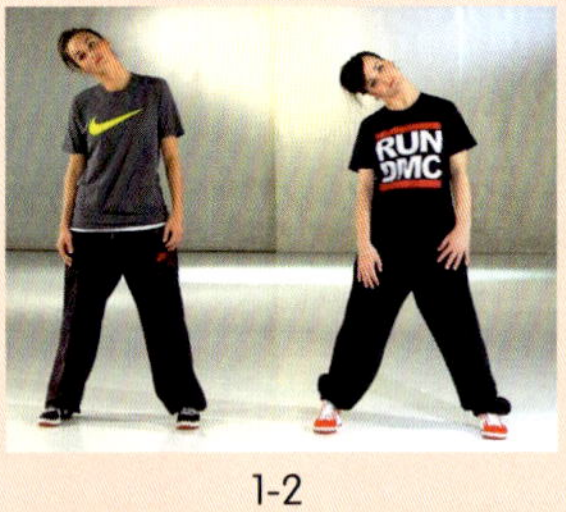

1-2

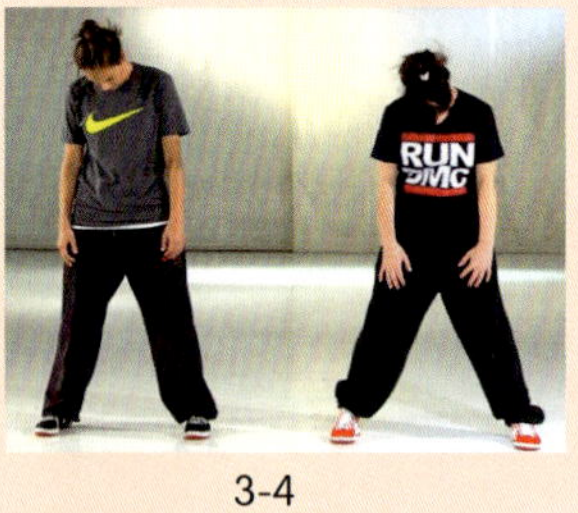

3-4

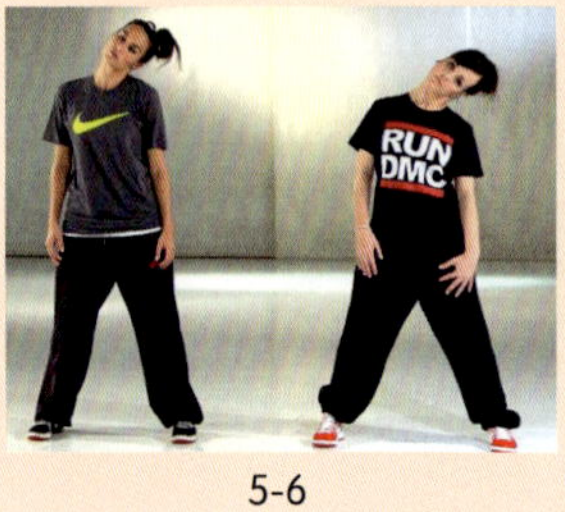

5-6

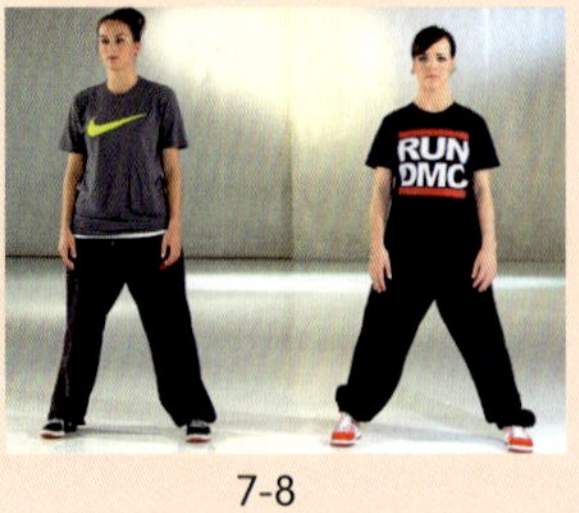

7-8

Kopfkreis mit Oberkörper

- ➜ Langsamer Kopfkreis über rechts mit Hinzunahme des Oberkörpers; dabei ebenfalls die Beine gestreckt lassen (vgl. Bilder und Zählzeiten).
- ➜ Langsamer Kopfkreis über links mit Hinzunahme des Oberkörpers; dabei Beine gestreckt lassen (Umkehrbewegung).

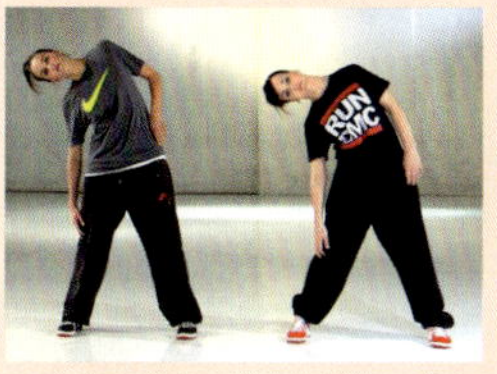

1-2

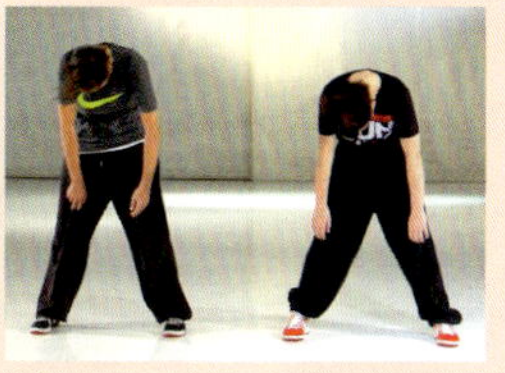

3-4

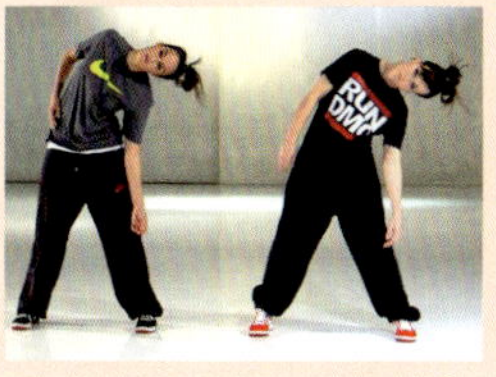

5-6

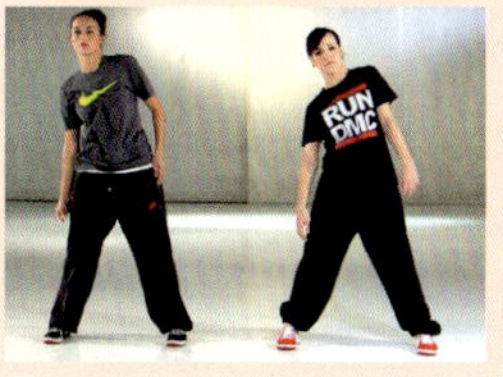

7-8

Techniktipps

- Kopf führt die Bewegung an – Schulterachse halten.
- Beim Hochkommen öffnet und bringt die Schulter aktiv den Oberkörper nach oben.

Kreis mit ganzem Körper

- ➜ Langsamer Kopfkreis über rechts mit Hinzunahme des Oberkörpers; dabei ebenfalls die Beine beugen (vgl. Bilder und Zählzeiten).
- ➜ Langsamer Kopfkreis über links mit Hinzunahme des Oberkörpers; dabei Beine beugen (Umkehrbewegung).

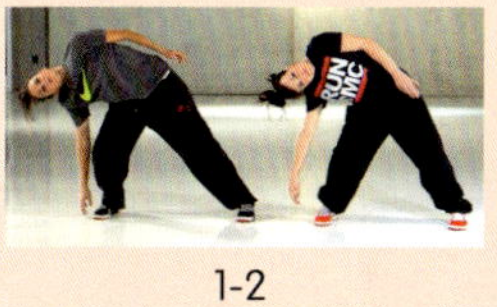

1-2

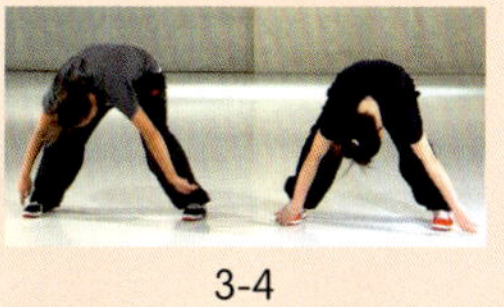

3-4

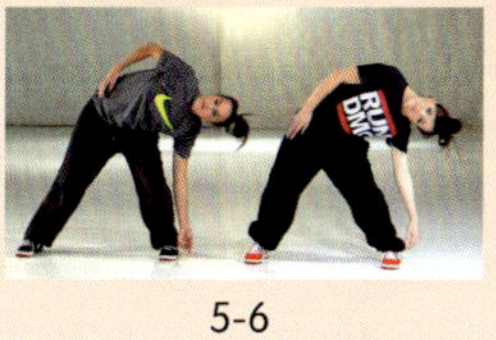

5-6

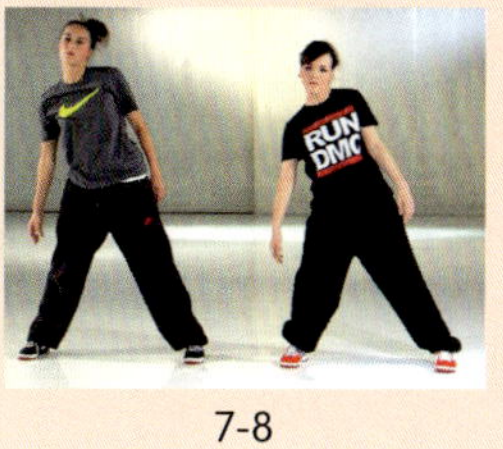

7-8

Techniktipp

Oberkörper nun noch größer bewegen als mit gestreckten Beinen.

Variation

- Tempowechsel (schnell/langsam)

Schultern

Schultern hoch/tief

→ Schultern heben und senken mit gestreckten Armen und Händen gefaustet.

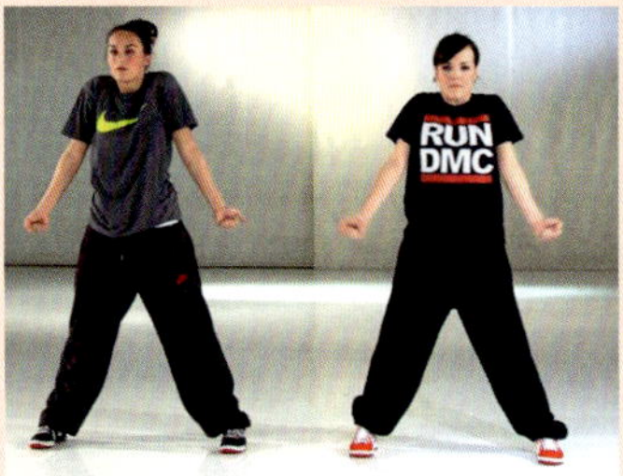

1

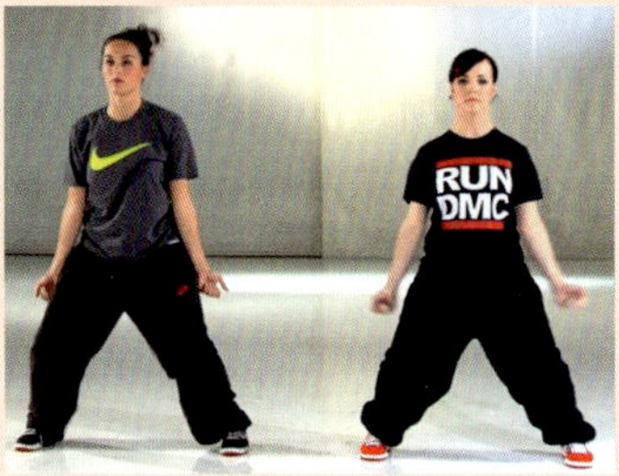

2

Schulterkreisen rück

→ Schulterkreisen rück (vgl. Bilder und Zählzeiten).
→ Schulterkreisen vor (Umkehrbewegung).

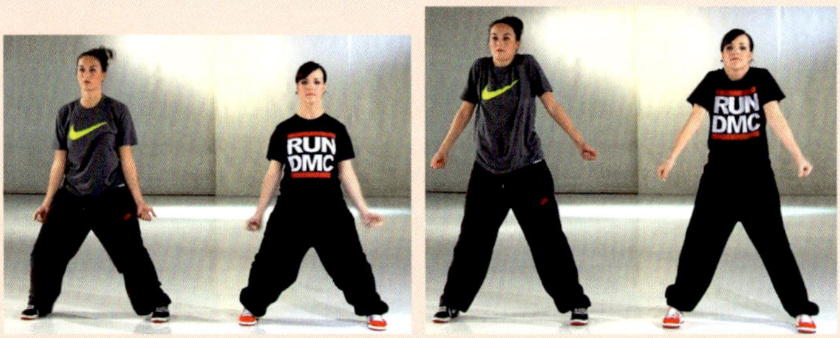

1

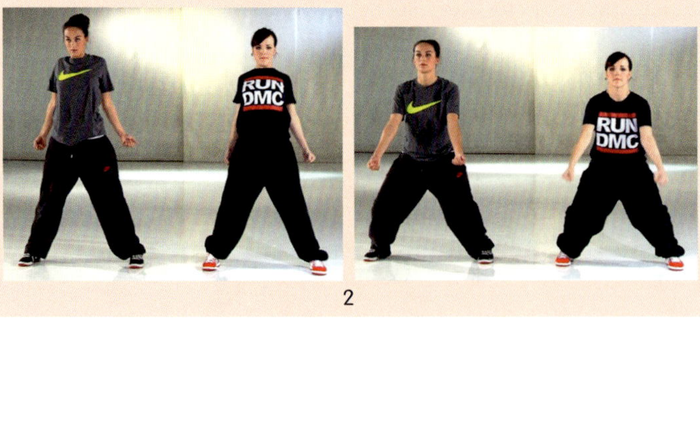

2

Schultern heben im Wechsel

➜ Isoliert Schulter rechts und links heben und senken im Wechsel.

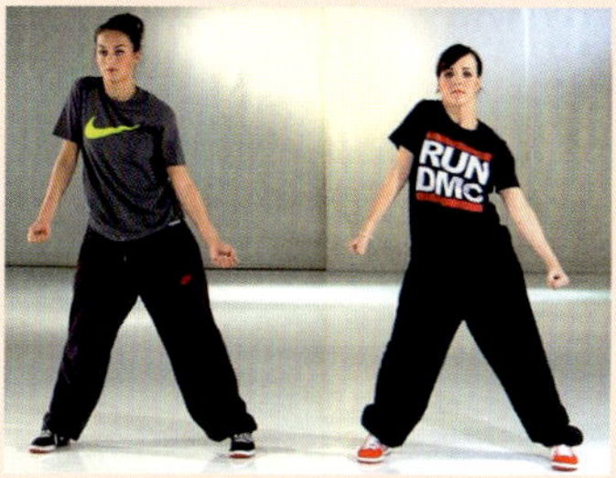

1

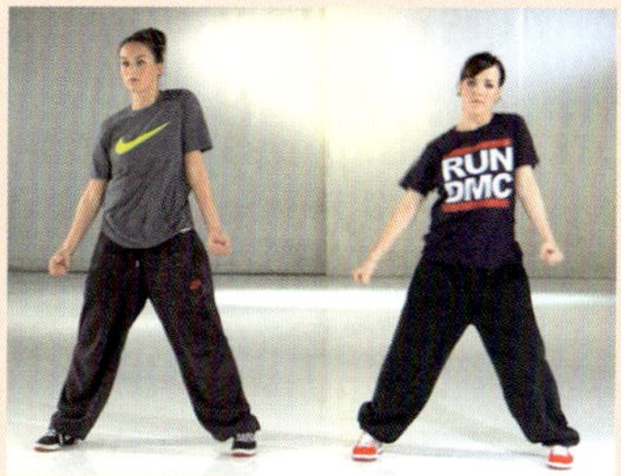

2

Schultern heben im Wechsel mit Gewichtsverlagerung

➜ Im Wechsel Schulter rechts-links-rechts mit Gewichtsverlagerung nach rechts und links-rechts-links mit Gewichtsverlagerung nach links.

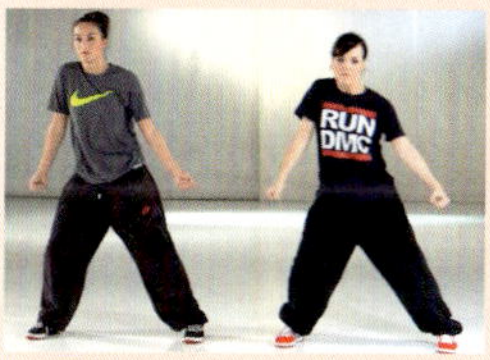
1

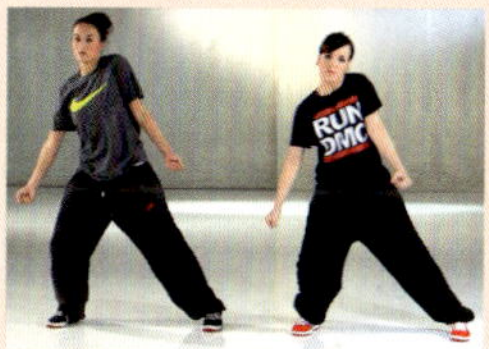
und

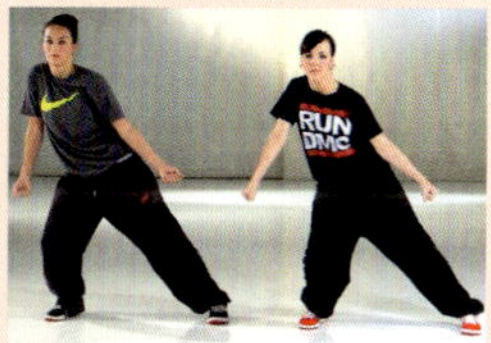
2

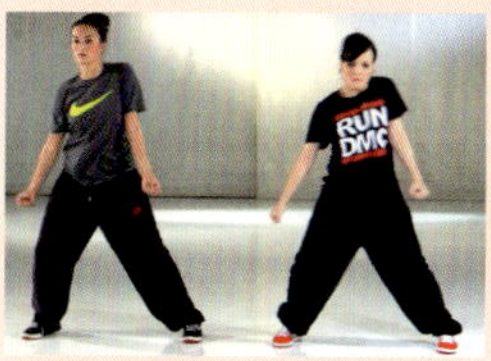
3

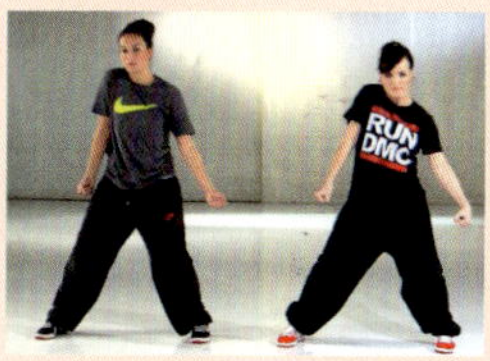
und

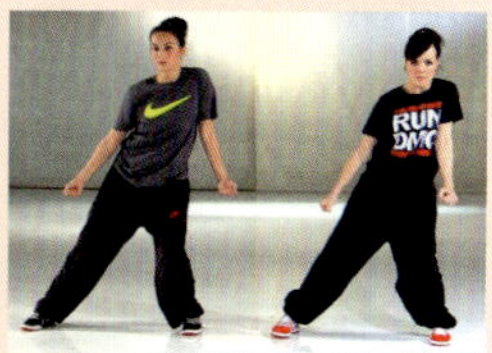
4

Techniktipp

Die Arme gestreckt lassen, somit werden wirklich die Schultergelenke erwärmt und nicht Hand- oder Ellenbogengelenke bewegt.

Variationen

- Schultern einzeln/zusammen/gegengleich
- Kreisen/heben-senken
- Weich/akzentuiert
- Evtl. Übergang in Körperwellen (siehe S. 43)

Arme

Armwelle

- Armwelle mit 4 Teilbewegungen rechts (vgl. Bilder und Zählzeiten):
  1. Schulter heben
  2. Ellenbogen beugen und Unterarm abwinkeln, dabei Schulter tief
  3. Unterarm strecken und Handgelenk abwinkeln
  4. Hand strecken und dabei durch jedes Fingerglied arbeiten

- Armwelle mit 4 Teilbewegungen links (Umkehrbewegung).

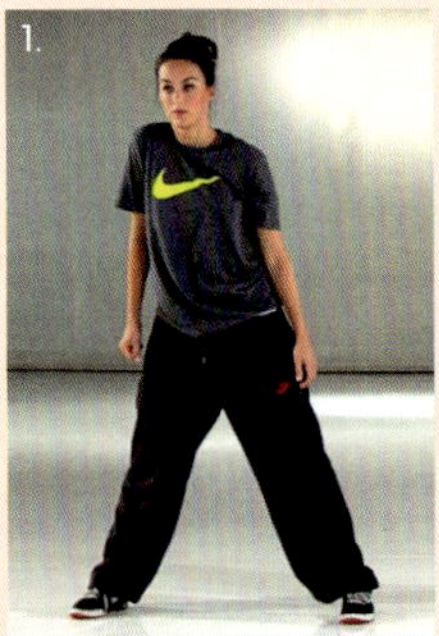

1-2

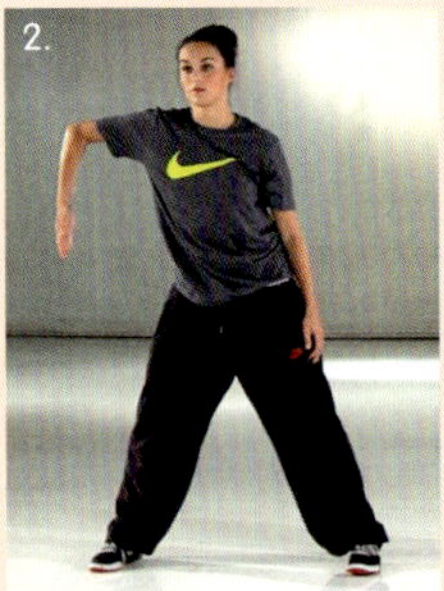

3-4

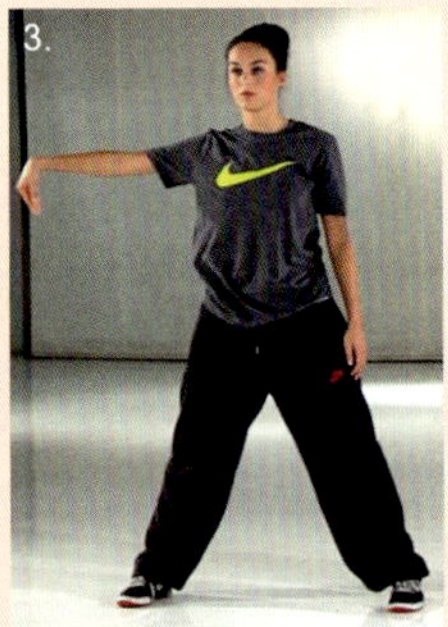

5-6

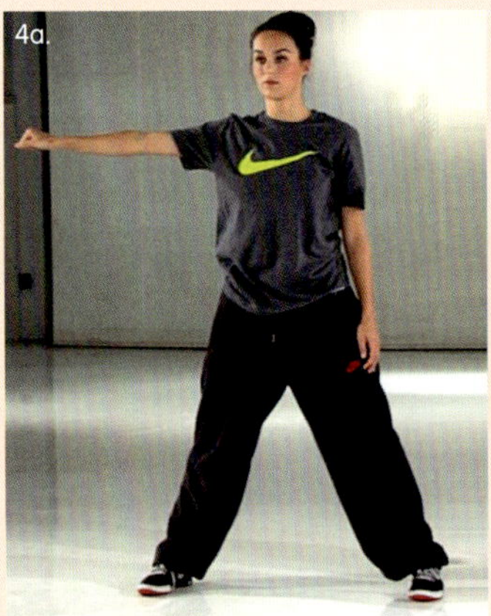

7

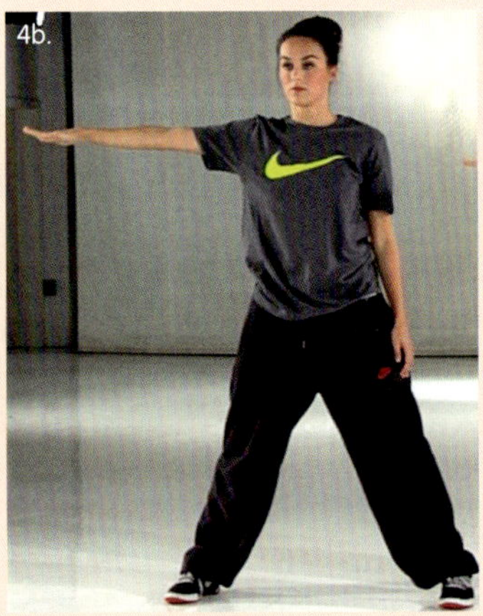

8

- Selbige Bewegung im doppelten Tempo.
- Im Fluss ohne Stopps in der Ausführung.

Armwelle mit Gewichtsverlagerung

→ Im Fluss mit Gewichtsverlagerung nach rechts und links.

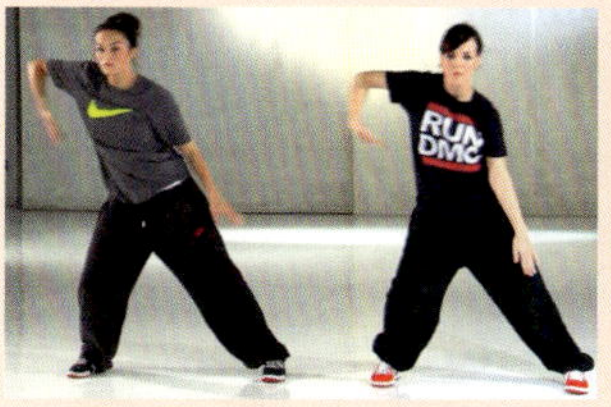

1-2

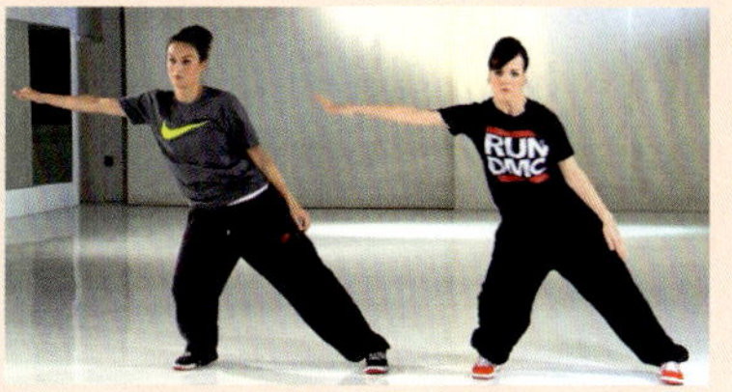

3-4

Techniktipp

Jedes Gelenk nacheinander sauber bewegen, als würde „ein Wurm durch den Arm und die Finger kriechen".

Variationen

- Von Außen nach Innen (Fingerspitze bis Schulter)
- Armwellen gleichzeitig rechts und links
- Armwelle von rechts beginnend (Fingerspitze bis Schulter) nach links weiterführen (Schulter bis Fingerspitze) und zurück.

Brustkorb

Brustkorb vor/rück

→ Brustkorb langsam vor und rück bewegen.

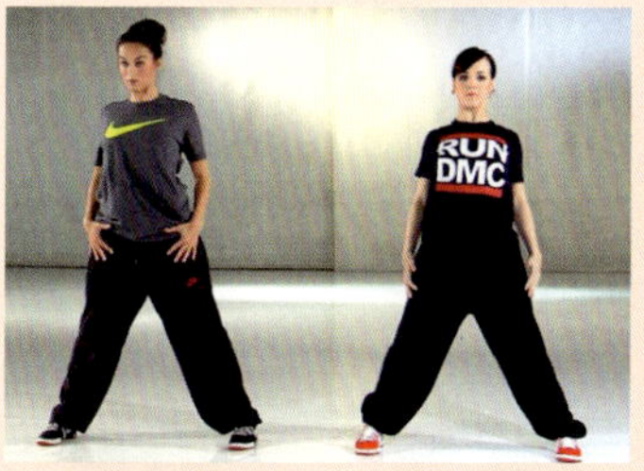

1-2

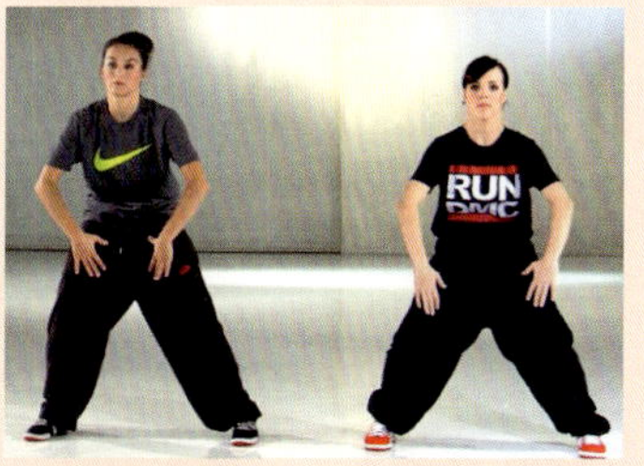

3-4

Zur Verdeutlichung:

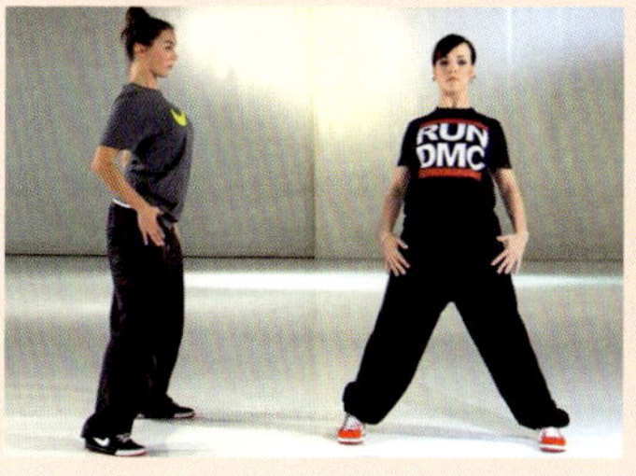

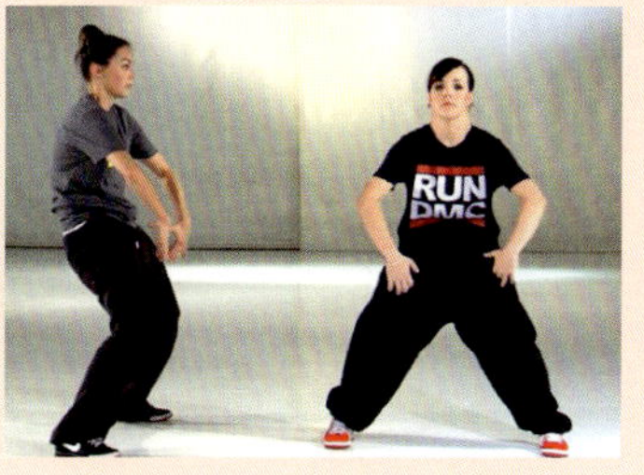

→ Brustkorb im doppeltem Tempo vor und rück bewegen.

Brustkkorb rechts/links

→ Brustkorb langsam nach rechts und links bewegen.

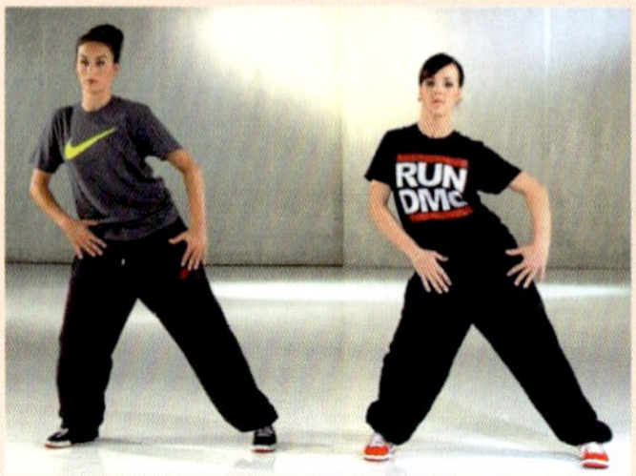

1-2

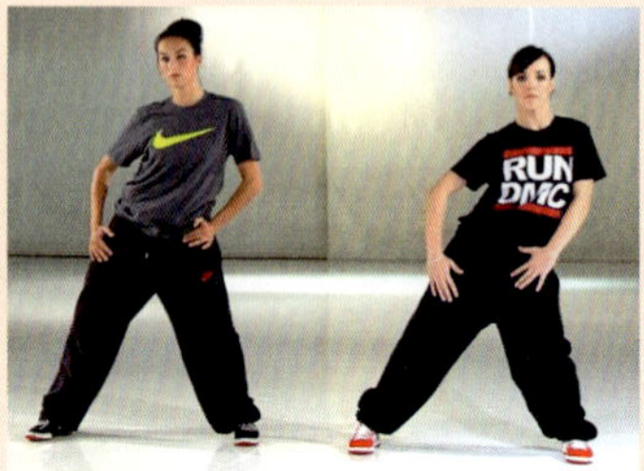

3-4

→ Brustkorb doppeltes Tempo nach rechts und links bewegen.

Brustkorb kreisen

→ Brustkorb vor-rechts-rück-links im halben Tempo bewegen.

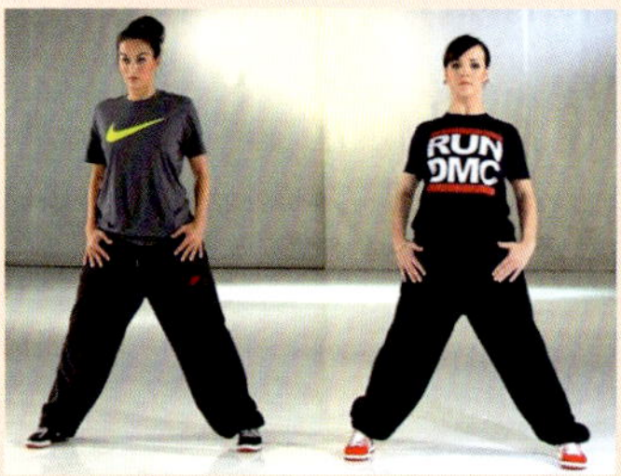

1-2

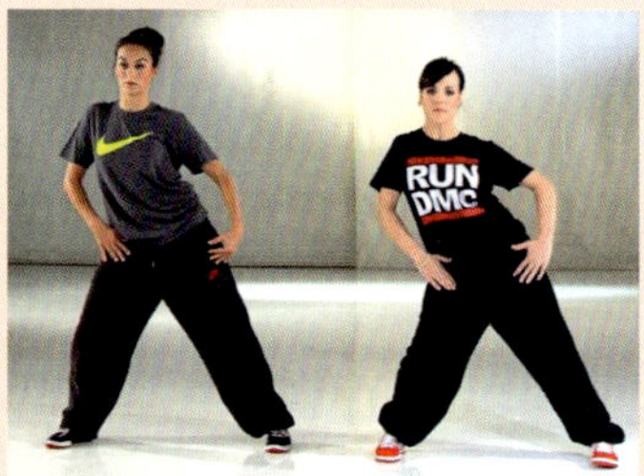

3-4

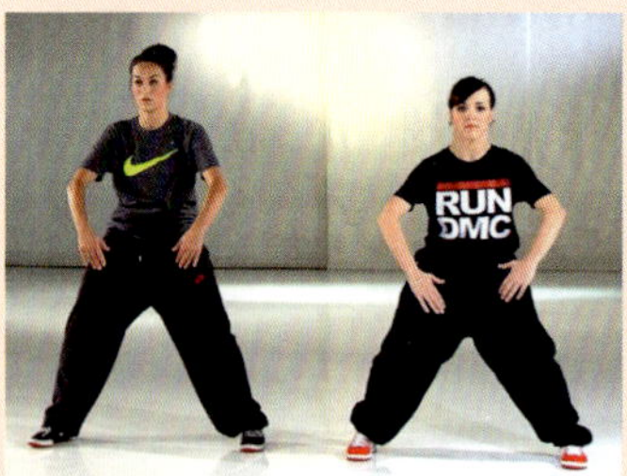

5-6

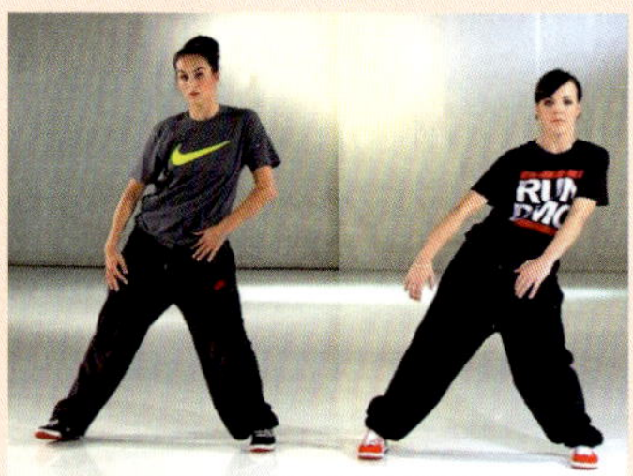

7-8

→ Brustkorb nach vor-rechts-rück-links im doppelten Tempo bewegen.
→ Brustkorb kreisen über rechts im halben Tempo.
→ Brustkorb kreisen über rechts im doppeltem Tempo.
→ Alles links herum.

Techniktipp

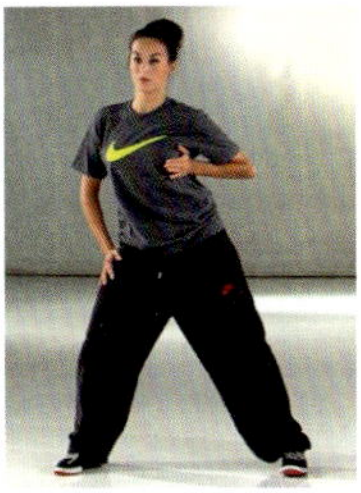

Um den Brustkorb isoliert zu bewegen und ein Ausweichen der Hüfte zu vermeiden, diese Isolationsübung mit gebeugten Knien ausführen und dabei Hüftbreit stehen.

Hilfestellung

Brustkorb entweder mit der eigenen Hand oder durch einen Partner „verschieben“.

Variationen

- Tempowechsel (schnell / langsam)
- Dynamikwechsel (akzentuiert / weich)

Hüfte

Hüfte vor/rück

➜ Hüfte langsam vor und rück bewegen.

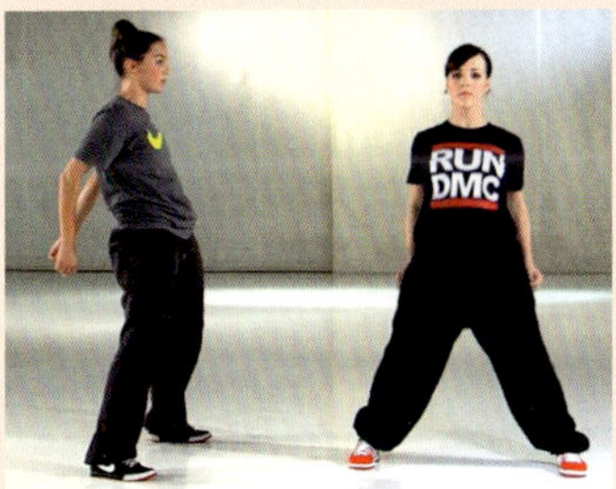

1-2

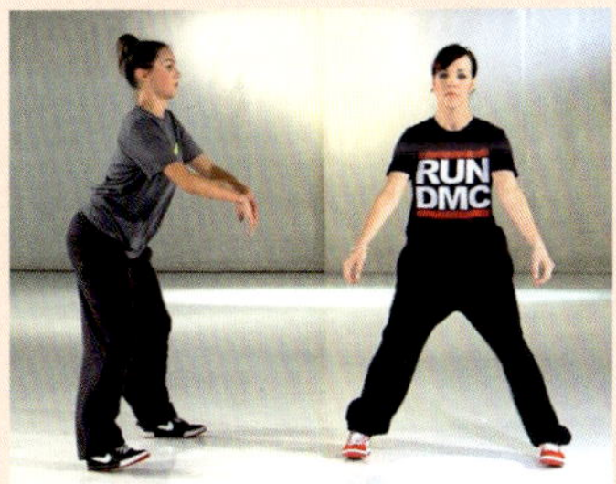

3-4

➜ Hüfte im doppelten Tempo vor und rück bewegen.

Hüfte rechts/links

➜ Hüfte langsam nach rechts und links bewegen.

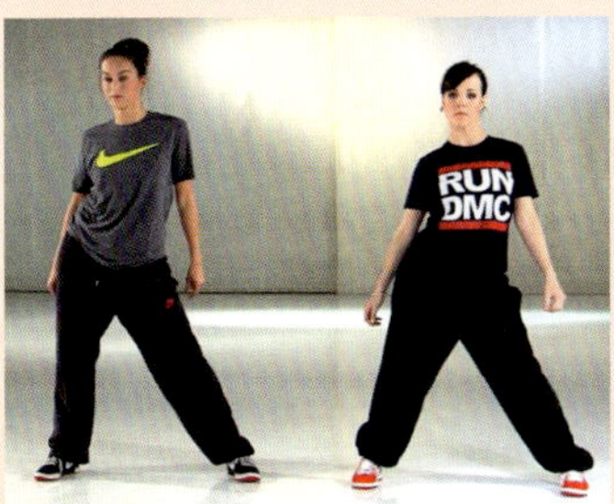

1-2

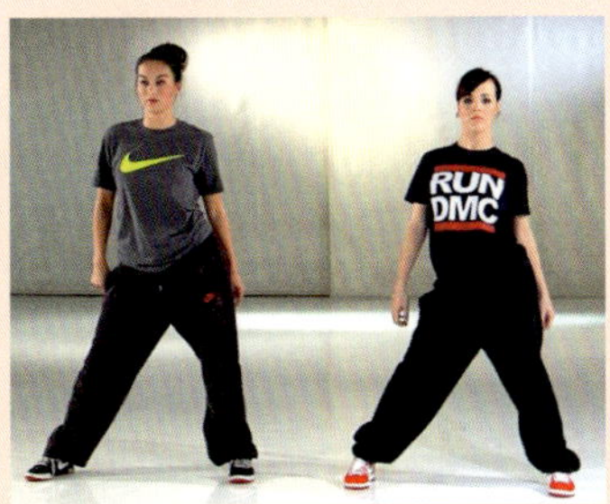

3-4

➜ Hüfte im doppelten Tempo nach rechts und links bewegen.

Hüfte kreisen

➜ 1x Hüfte vor-rechts-rück-links im halben Tempo bewegen.

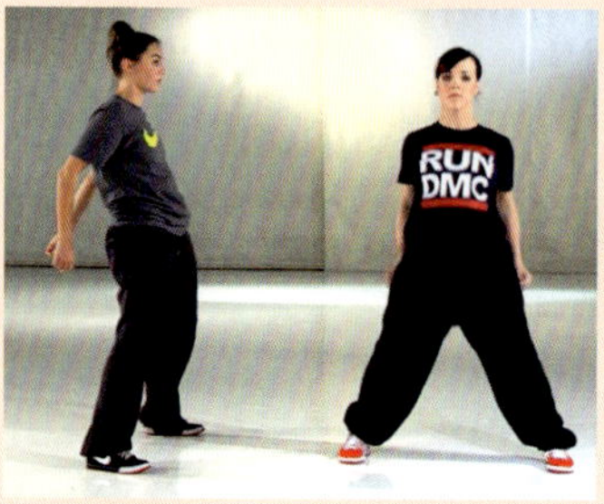

1-2

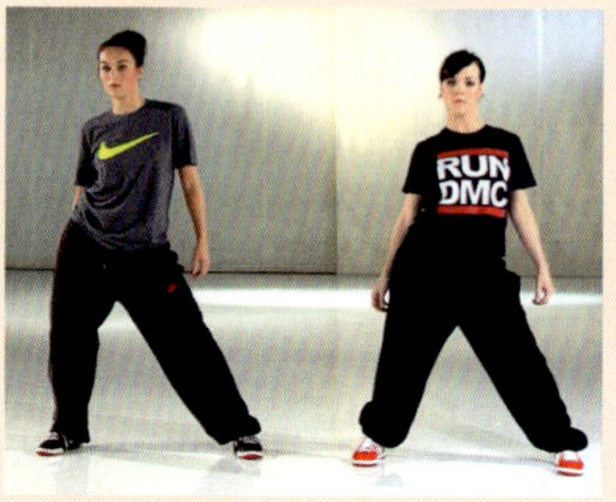

3-4

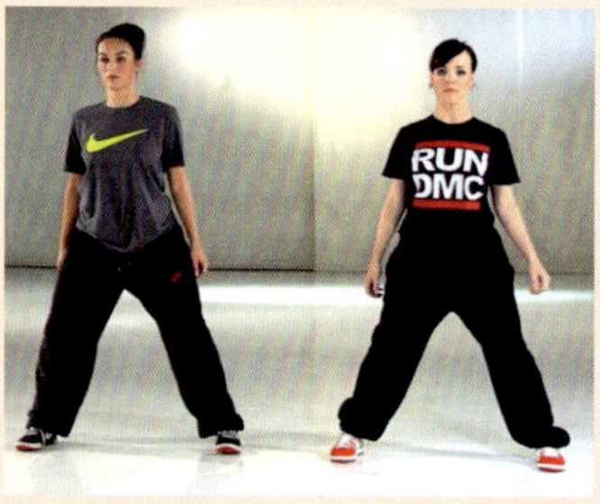

5-6

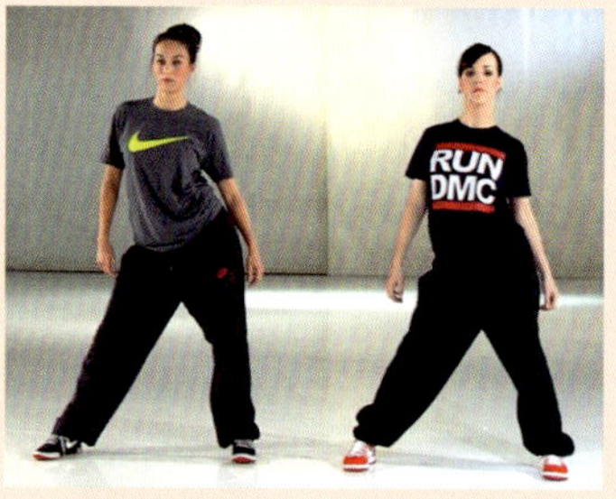

7-8

➜ Hüfte vor-rechts-rück-links im doppelten Tempo bewegen.
➜ Hüfte kreisen über rechts im halben Tempo.
➜ Hüfte kreisen über rechts im doppeltem Tempo.
➜ Alles links herum.

Techniktipp

Die Bewegung wird mit gebeugten Beinen durchgeführt. Nur so kann das volle Bewegungsausmaß der Hüfte vor allem nach vor und rück erreicht werden.

Variationen

- Tempowechsel (schnell/langsam)
- Dynamikwechsel (akzentuiert/weich)

Körperwelle

Vorübung Körperwelle von oben nach unten

→ Schultern nach hinten rotieren und jeweils anschließend Fersen ganz kurz anheben.

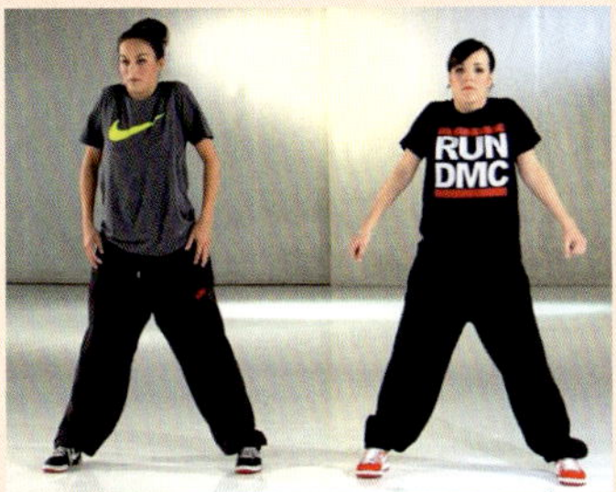

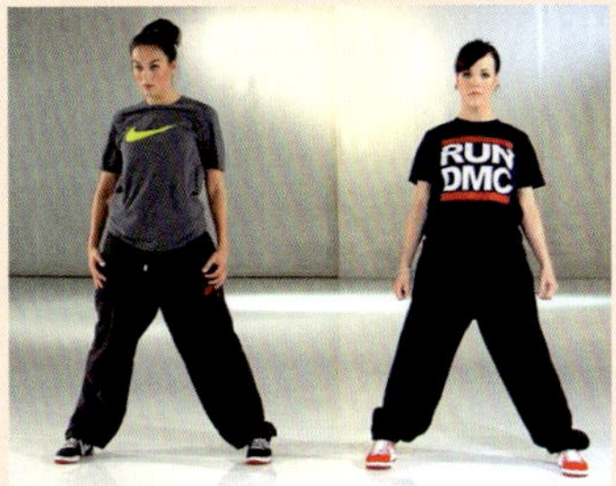

1

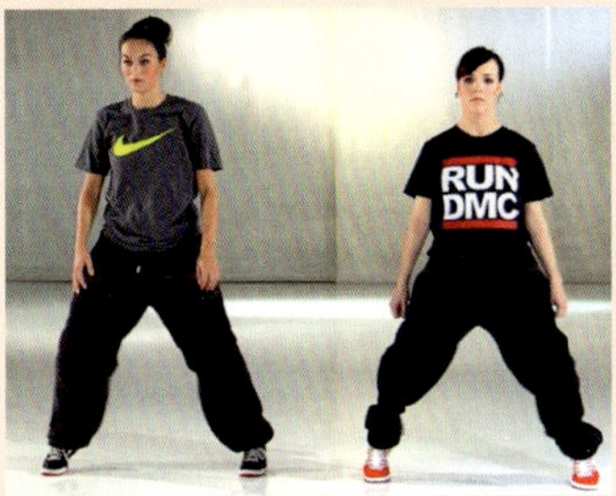

und

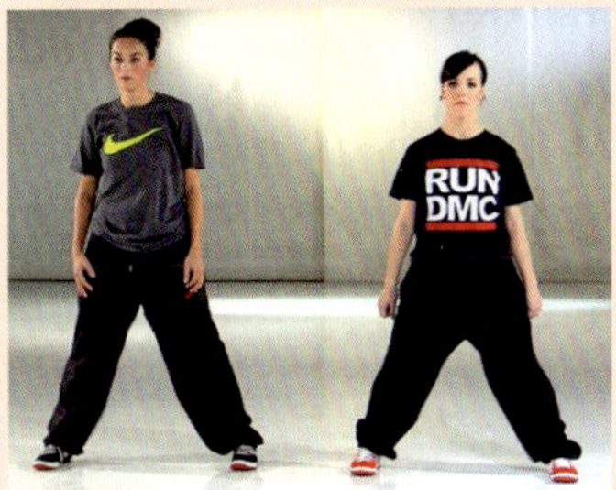

2

Körperwelle von oben nach unten

→ Langsame Körperwelle von oben nach unten durch Schulter-Brustkorb-Bauch-Hüfte-Knie.

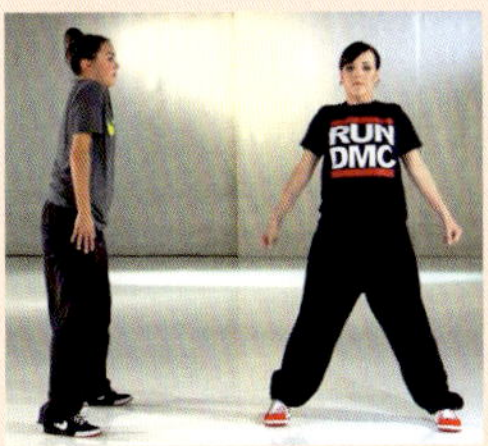

1

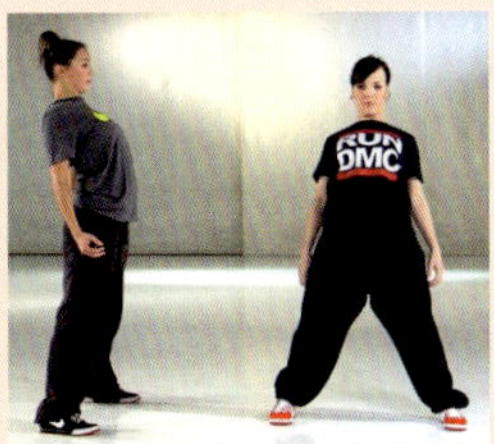

2

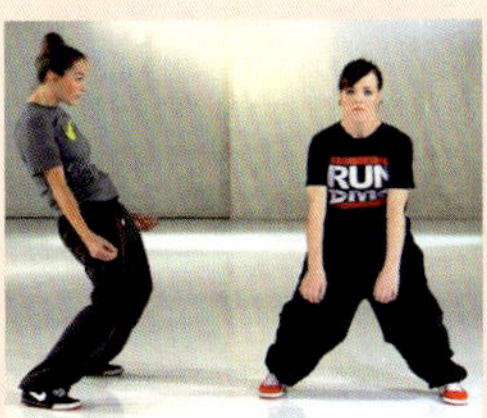

3

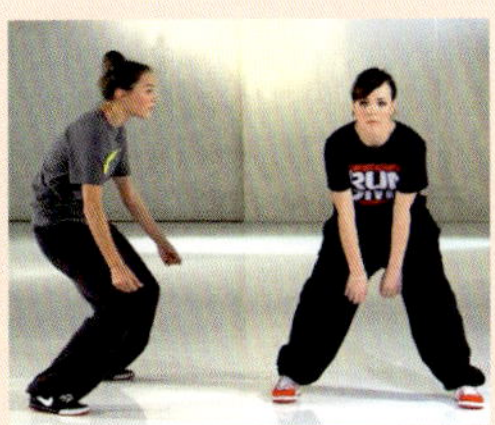

4

Vorübung Körperwelle von unten nach oben

→ Knie beugen und jeweils anschließend Schulter nach vorne rotieren.

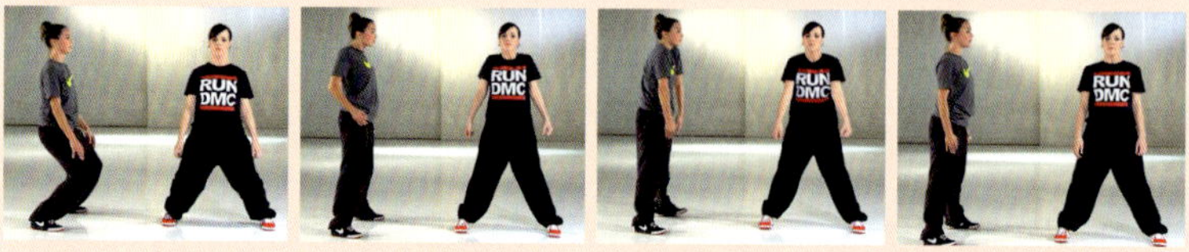

1 und 2

Körperwelle von unten nach oben

→ Langsame Körperwellen von unten nach oben durch Knie-Hüfte-Bauch-Brustkorb-Schultern.

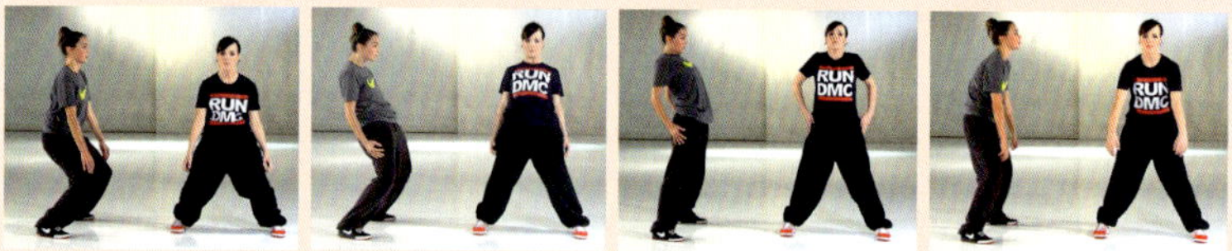

1 2 3 4

Techniktipps

- Der Kopf, beziehungsweise der Schultergürtel führt die Bewegung an.
- Um bei der Körperwelle keine der genannten Körperteile auszulassen, ist es oft hilfreich ein anschauliches Bild zu geben, z. B. bei der Körperwelle von oben nach unten „Essen wandert vom Mund in den Magen" und andersherum ☺.

Variationen

- Doppeltes Tempo: Verbindung von beiden Körperwellen: 1x Körperwelle von oben nach unten und direkt wieder 1x von unten nach oben.
- Verbindung von Körper- und Armwellen: 1x Körperwelle von oben nach unten und direkt wieder 1x von unten nach oben anschließend Welle durch beide Arme von den Schultern ausgehend und wieder zurück …

4.2 Grundschritte

4.2.1 Möglichkeiten der Anwendung

Vielseitig im Warm Up und in Choreographien anwendbar

Alternativ zu, oder im Anschluss an die Warm-Up-Bewegungen aus Kapitel 4.1, kann die Aufwärmphase auch dazu genutzt werden die Grundschritte zu üben, zu variieren und zu kombinieren. Je nach Altersstufe und Könnensstand können mittels der *Add-on*-Methode bereits hier kleine Schrittfolgen durch Aneinanderreihung der Grundschritte entstehen.

KV 4 Grundschritte Bilder

KV 5 Grundschritte Beschreibungen

Vor allem aber sind die gewählten Grundschritte eine gute Ausgangsbasis, um von Ihnen oder von den Schülern kreativ zu einer Choreographie weiterentwickelt zu werden. Ihrer Phantasie sind dabei keine Grenzen gesetzt. Sie können jeden Grundschritt beliebig verändern, sei es z. B. durch Hinzunahme der Arme, einer Kopfbewegung, eines Tempo- oder Richtungswechsels.

Ihre Kreativität ist gefragt!

4.2.2 Möglichkeiten der individuellen Abwandlung

- Gestaltungskriterien (siehe Abb. 5)
  - Raum (vor / rück / seit, weit / eng …)
  - Zeit (schnell / langsam …)
  - Dynamik (weich / akzentuiert …)
- Hinzunahme von
  - Händen
  - Armen
  - Kopf
  - Oberkörper

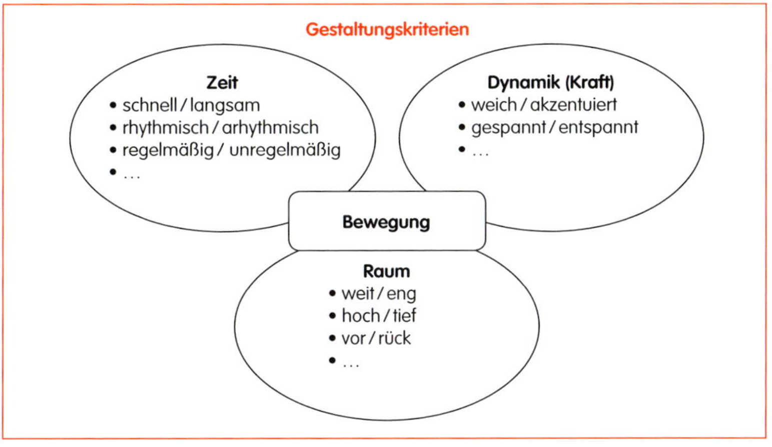

Abb. 5: Gestaltungskriterien

- Kombination von
  - verschiedenen Grundschritten und ihren Variationen
  - *Isolations* und Grundschritten
  - eigenen Bewegungen und Grundschritten
- Wiederholung eines Grundschrittes
  - einfach
  - doppelt
  - mehrfach

4.2.3 Grundschritte und ihre Variationen

Im folgenden Kapitel werden zunächst einfache Grundschritte, dann koordinativ anspruchsvollere Grundschritte gezeigt und erklärt.

4.2.3.1 Bounce

Dieser Schritt ist einer der grundlegendsten HipHop-Schritte, da er einfach und vielseitig variierbar ist. Es bietet sich daher an, ihn nicht nur in Choreographien einzubauen, sondern ihn auch schon im Warm Up anzuwenden. Die Möglichkeiten diesen Schritt zu variieren sind schier unendlich.

Gemeinsame Merkmale aller Variationen

- Bewegung findet nicht nur in den Beinen statt, sondern auch im Oberkörper.
- Beim Strecken der Beine bewegt sich der Brustkorb nach vorne, beim Beugen wieder zurück.

Bounce am Platz

2

→ **Ausgangsposition:** Geschlossene Beinstellung.
→ Knie locker beugen und strecken, dabei den Oberkörper und die Arme locker mitbewegen.

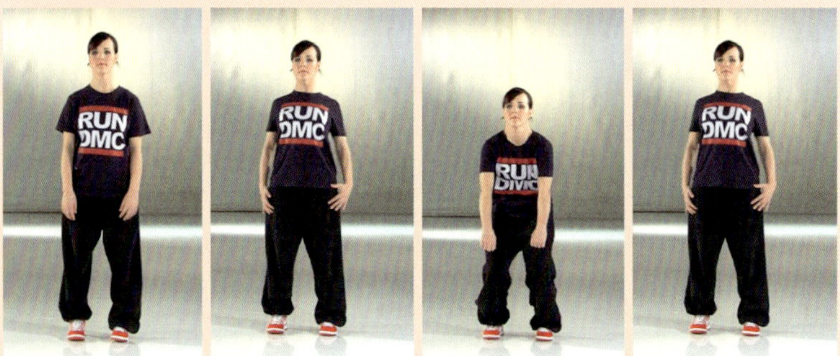

und 1 und

Bounce mit Knie heben

- ➜ **Ausgangsposition:** Geschlossene Beinstellung.
- ➜ Abwechselnd rechtes und linkes Knie heben, den Oberkörper locker mitbewegen.
- ➜ Knie und Oberkörper gehen dabei zueinander.

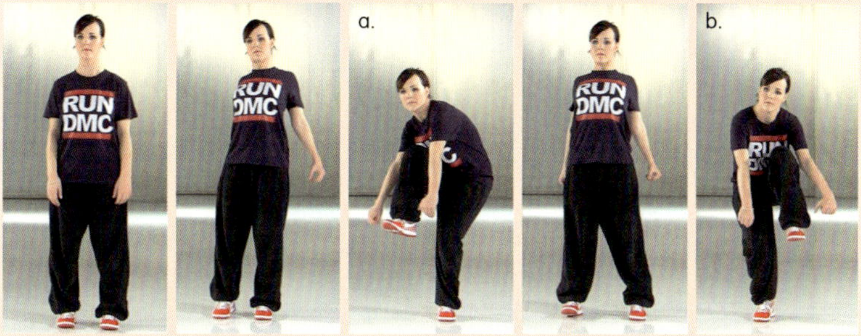

und 1 und 2

Die Bewegung kann dabei nicht nur frontal nach vorne (b) ausgeführt werden, sondern auch diagonal (a).

Beispiel für eine Bewegungsfolge

Einmal Knie heben mit rechts, einmal mit links, zweimal mit rechts; einmal mit links, einmal mit rechts, zweimal mit links.

Bounce mit Gewichtsverlagerung über die Ferse

- ➜ **Ausgangsposition:** Geschlossene Beinstellung.
- ➜ Knie locker beugen und strecken, den Oberkörper und die Arme locker mitbewegen.
- ➜ Dabei auf den Fersen nach rechts und links drehen, sodass Zehen mal nach rechts diagonal mal nach links diagonal zeigen.

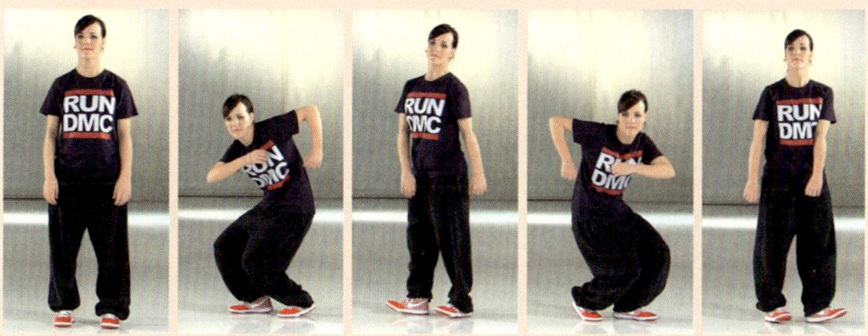

1 und 2 und

Auch bei dieser Variation des Bounce-Schrittes kann die Bewegung zu einer Seite hin wiederholt werden. Beispielsweise einmal rechts, einmal links, zweimal rechts, zweimal links.

Bounce mit Gewichtsverlagerung

- → **Ausgangsposition:** Offene Beinstellung.
- → Knie locker beugen und strecken, den Oberkörper und die Arme locker mitbewegen.
- → Dabei Gewicht abwechselnd von Seite zu Seite verlagern, die jeweils unbelastete Ferse mit abheben und Fuß locker mitdrehen (siehe Markierung im Bild).

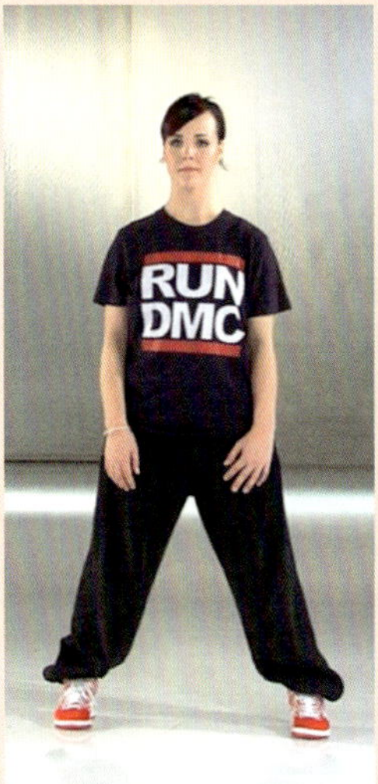

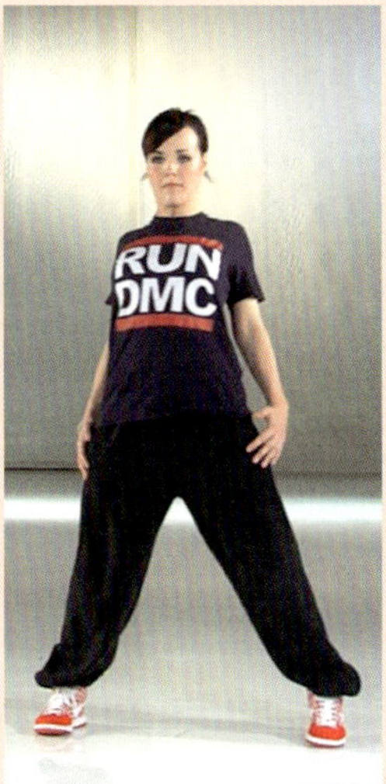

und

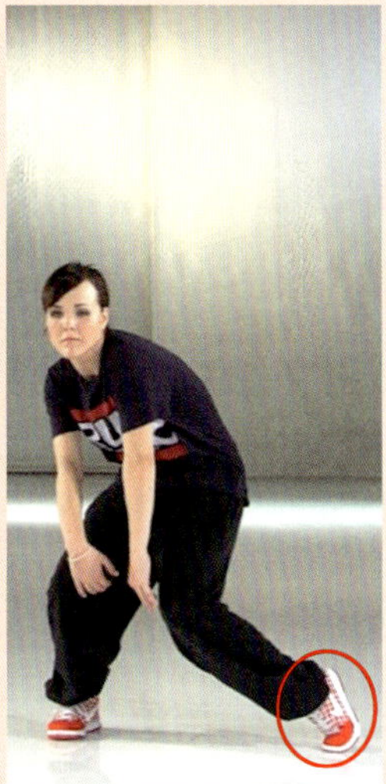

1

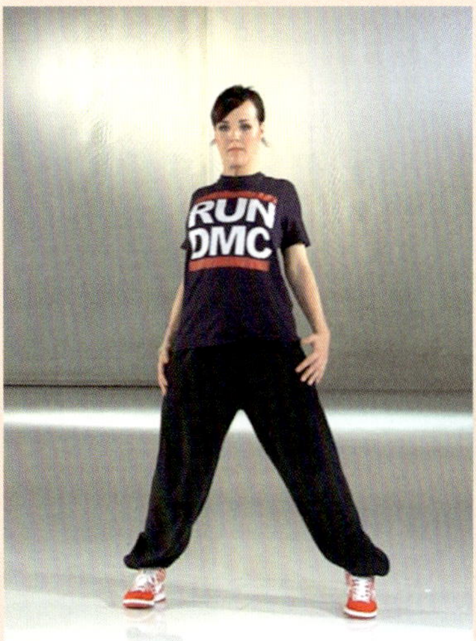

und

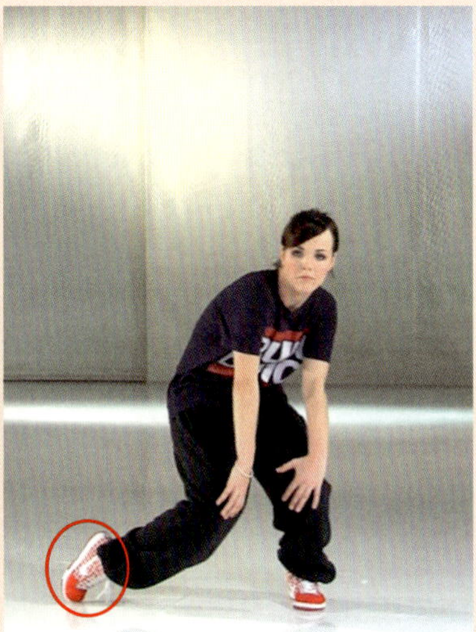

2

17

Bounce Side to Side

- **Ausgangsposition:** Geschlossene Beinstellung.
- Schritt mit rechts zur rechten Seite, einmal Bounce; Schritt rechts zurück in Ausgangsposition und wieder einmal Bounce.
- Selbiges zur linken Seite ausführen.

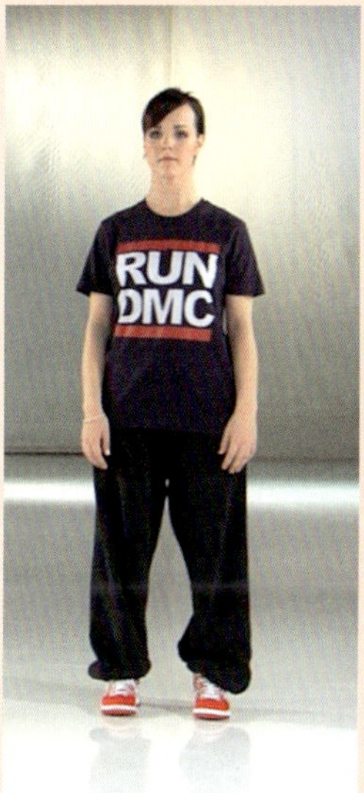

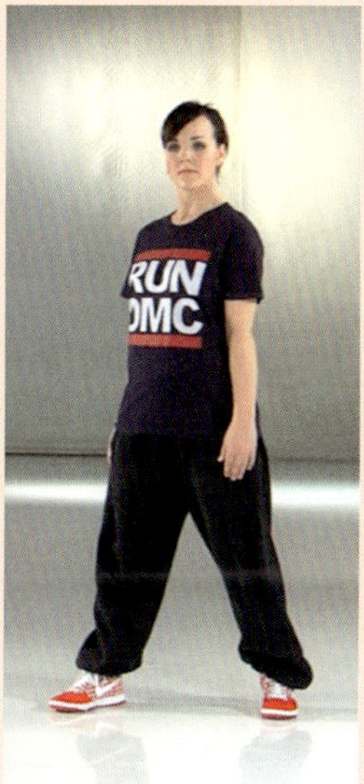

und

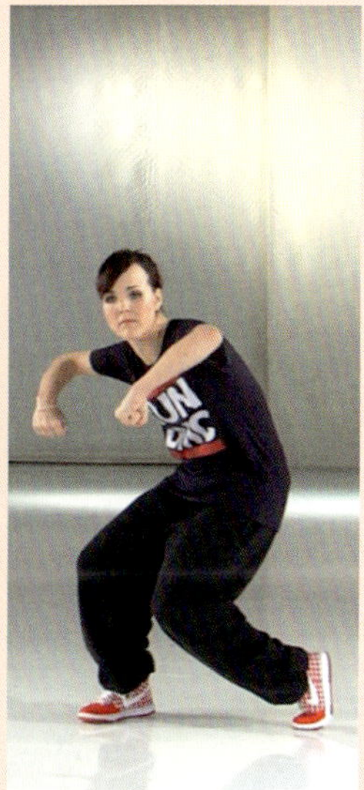

1

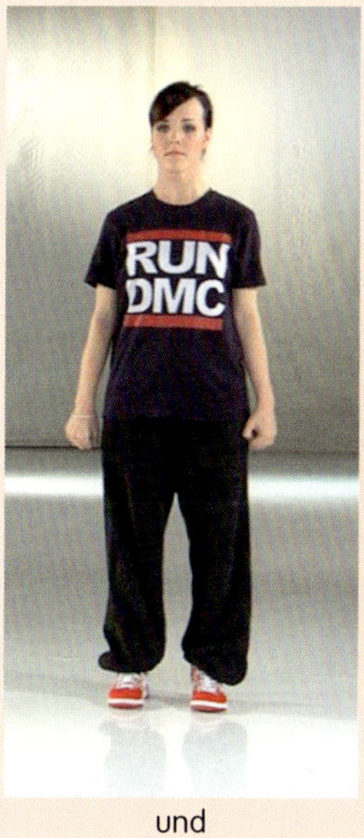

und

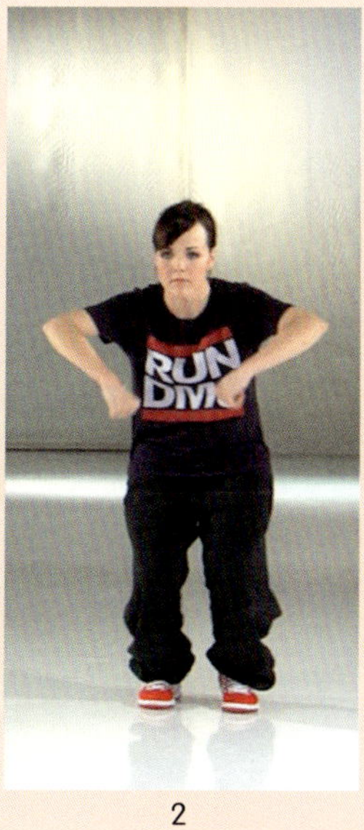

2

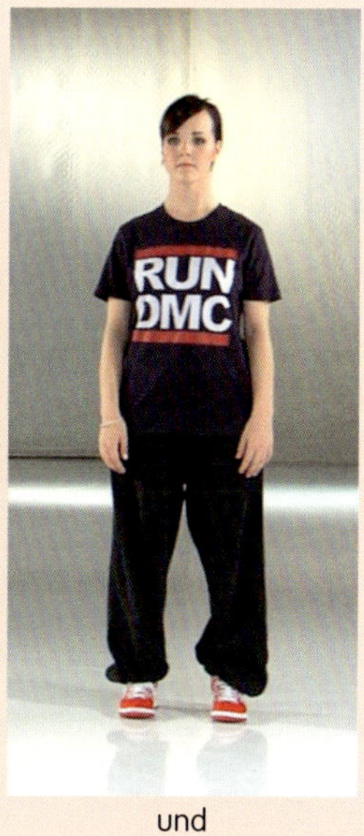

und

4.2.3.2 Step Touch

Step Touch Side to Side

- → **Ausgangsposition:** Geschlossene Beinstellung.
- → Schritt mit rechts zur rechten Seite, linkes Bein stellt an.
- → Schritt mit links direkt wieder zur linken Seite und rechtes Bein anstellen.

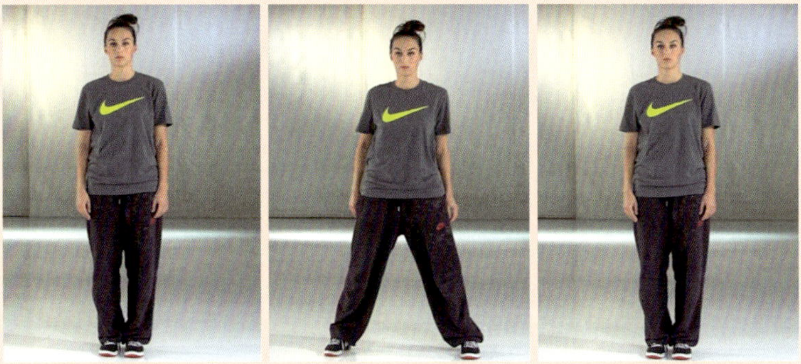

1 2

Beispiel für eine Bewegungsfolge

- Schritt rechts zur Seite, dabei beide Arme waagrecht zur Seite strecken (evtl. schnipsen) und wieder zum Körper heranziehen.
- Linkes Bein stellt an, dabei beide Arme waagrecht nach vorne strecken (evtl. wieder schnipsen) und wieder heranziehen.
- Selbiges zur anderen Seite ausführen.

Step Touch Front and Back

- → **Ausgangsposition:** Geschlossene Beinstellung.
- → Schritt rechts nach vorne und linkes Bein stellt an.
- → Schritt links direkt wieder zurück und rechtes Bein stellt an.

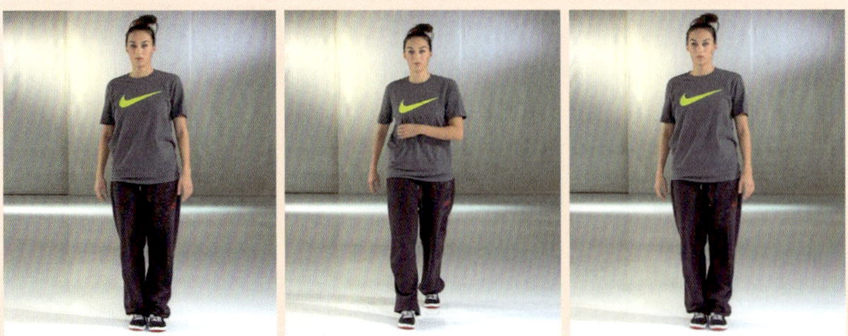

1 2

10

Step Touch Side-In

- ➜ **Ausgangsposition:** Geschlossene Beinstellung.
- ➜ Tap mit rechtem Bein zur rechten Seite und wieder schließen.
- ➜ Das Gleiche mit linkem Bein zur linken Seite ausführen.
- ➜ Das Gewicht bleibt immer in der Mitte.

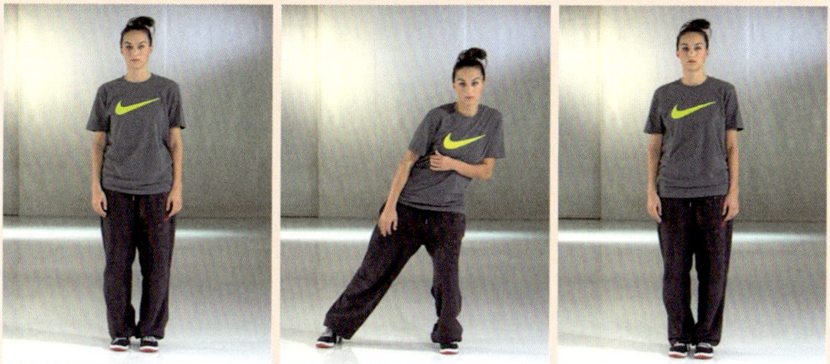

1 2

Beispiel für eine Bewegungsfolge

Step Touch Side-In einmal nach rechts, einmal nach links, doppelt nach rechts, einfach nach links, einfach nach rechts, doppelt nach links.

11

Step Touch Twist

- ➜ **Ausgangsposition:** Geschlossene Beinstellung.
- ➜ Schritt mit rechts zur rechten Seite mit einem Twist in den Beinen, d.h. unbelastete Ferse hebt ab und Fuß dreht auf dem Ballen in die Laufrichtung (siehe Markierung).
- ➜ Linkes Bein stellt an.
- ➜ Selbiges zur linken Seite ausführen.

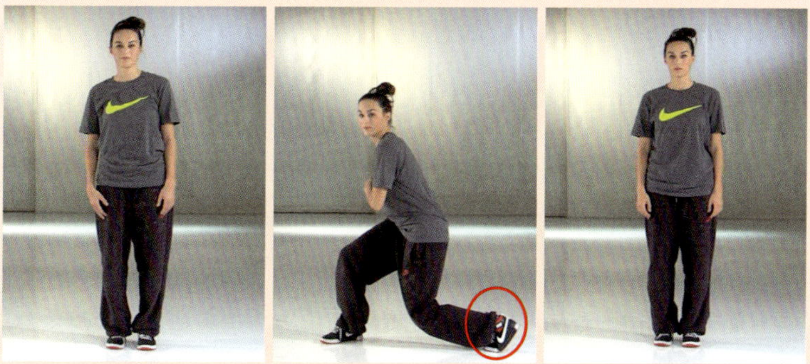

1 2

4.2.3.3 Slide Touch

Auf den ersten Blick scheint der Slide Touch eine weitere Variation des Step Touch zu sein.

Gemeinsame Merkmale aller Variationen

Und in der Tat unterscheidet sich dieser Schritt nur dadurch, dass der Fuß, der den Slide ausführt, den Bodenkontakt kaum verliert. Bei dem Step Touch jedoch verlässt das anstellende Bein den Boden und wird beim Anstellen etwas angewinkelt.

- Der Fuß, der den Slide ausführt, verliert kaum den Bodenkontakt.
- Mitbewegen der Arme.

Slide Touch

12

→ **Ausgangsposition:** Geschlossene Beinstellung.
→ Schritt mit rechts zur rechten Seite, linker Fuß Slide zu rechtem Fuß und stellt an.
→ Dabei Bodenkontakt mit dem linken Fuß nicht verlieren.
→ Selbiges zur linken Seite ausführen.

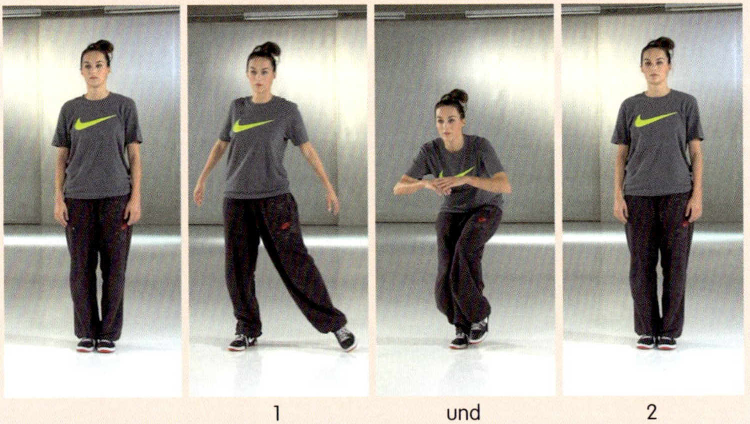

1 und 2

4.2.3.4 Top Rock

Gemeinsame Merkmale aller Variationen

Dieser Schritt kommt aus dem Breakdance und wird dort dazu eingesetzt, um die Bewegung am Boden vorzubereiten.

- Lockeres Mitbewegen der Arme.
- Lockerer Oberkörper.

13

Indie Rock vor

- **Ausgangsposition:** Geschlossene Beinstellung.
- Schritt mit rechts zur rechten Seite, Arme schwingen dabei locker vor, Hüfte bewegt sich rück.
- Tap linkes Bein diagonal vor; Arme schwingen dabei locker zurück, Hüfte bewegt sich vor, Oberkörper zurück.
- Beim Tap stellt der ganze Fuß auf (siehe Markierung).
- Selbiges zur linken Seite ausführen.

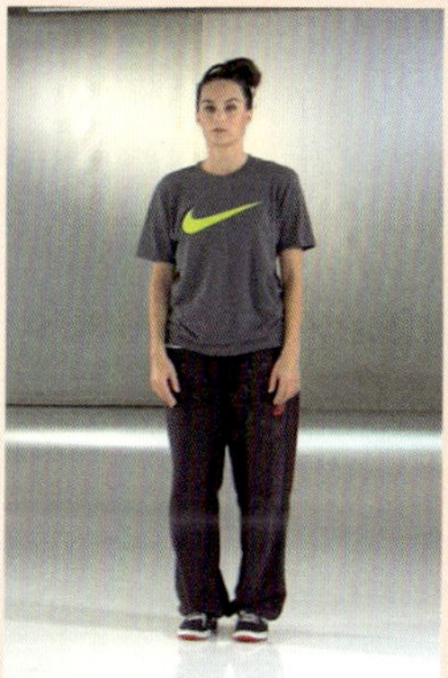

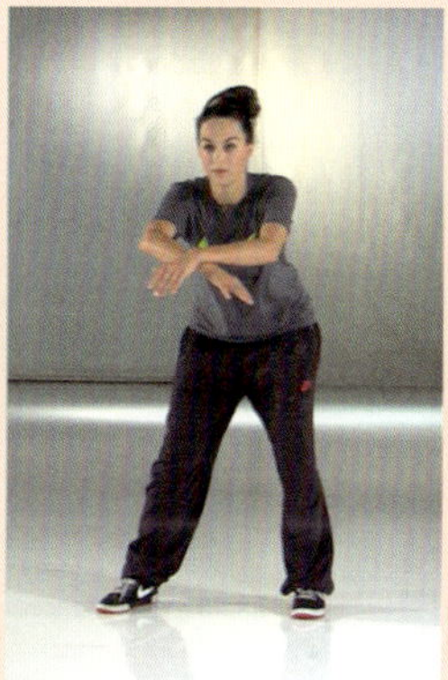

1

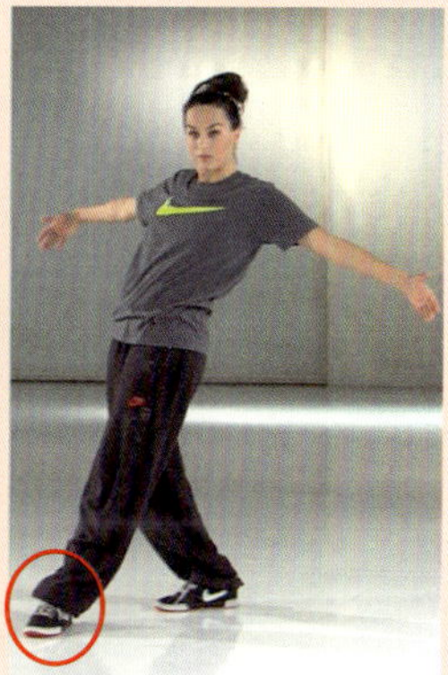

2

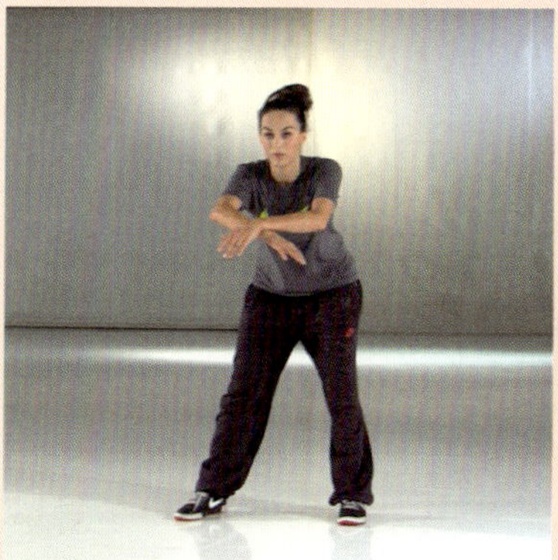

3

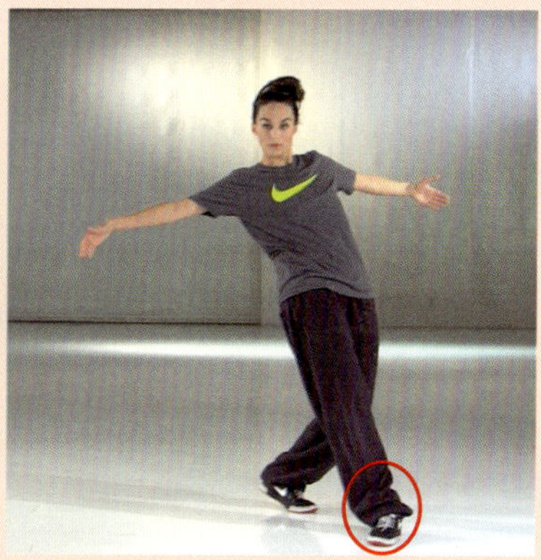

4

Indie Rock rück

14

- **Ausgangsposition:** Geschlossene Beinstellung.
- Schritt mit rechts zur rechten Seite, Arme schwingen locker mit.
- Tap linkes Bein diagonal rück, Oberkörper geht leicht vor.
- Selbiges zur linken Seite ausführen.

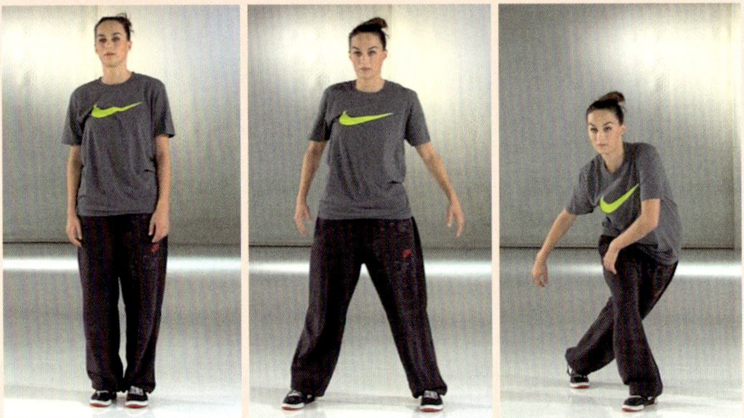

1 2

Kick Ball Change mit Lean-Back

15

- **Ausgangsposition:** Geschlossene Beinstellung.
- Kick linkes Bein vor.
- Kreuzen linker vor rechtem Fuß.
- Schritt rechtes Bein zur Seite mit Bounce, Oberkörper lehnt sich leicht rück.
- Selbiges zur linken Seite ausführen.

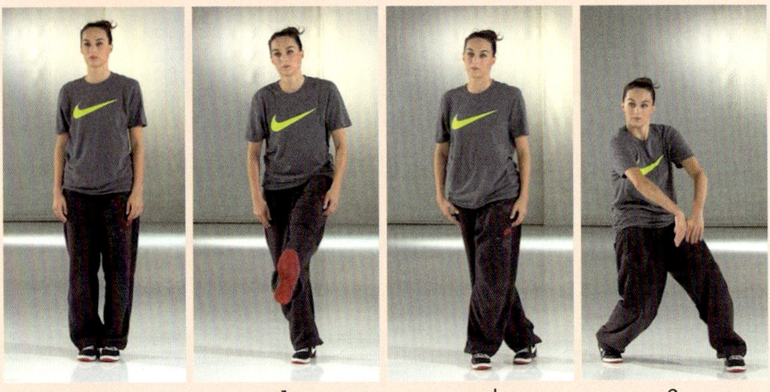

1 und 2

4.2.3.5 Jump Cross mit Pencil Turn

Wie der Name schon erahnen lässt, ist dieser Schritt eine Kombination aus zwei Bewegungen nämlich Springen und Drehen.

Daher kann folgende Bewegungsbeschreibung auch schon als eine Bewegungsabfolge angesehen werden, denn die Drehung kann natürlich auch schon nach einem Kreuzsprung ausgeführt werden.

16

Jump Cross mit Pencil Turn

- ➜ **Ausgangsposition:** Geschlossene Beinstellung.
- ➜ Sprung in offene Beinstellung.
- ➜ Sprung in gekreuzte Beinstellung.
- ➜ Erneut Sprung in offene Beinstellung.
- ➜ Erneut in gekreuzte Position springen.
- ➜ Von hier folgt Pencil Turn zur „offenen" Seite hin
  - → dabei den vorderen Fuß auf dem Ballen aufsetzen und während der Drehung auf die Ferse wechseln, dann schließen; der hintere Fuß ist erst als Standbein flach am Boden, wechselt dann während der Drehung auf den Ballen.
- ➜ Endposition ist wie Ausgangsposition.

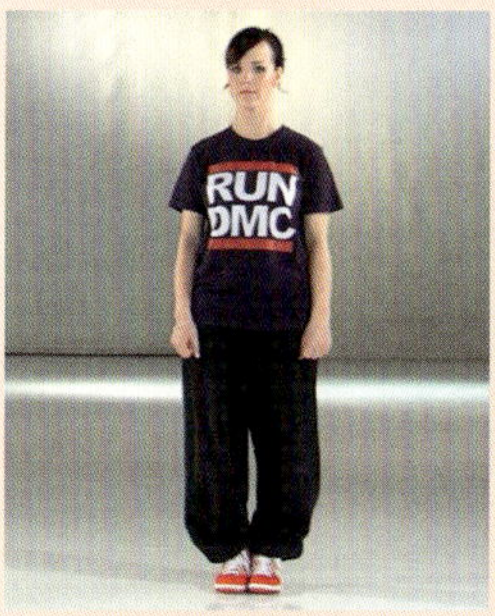

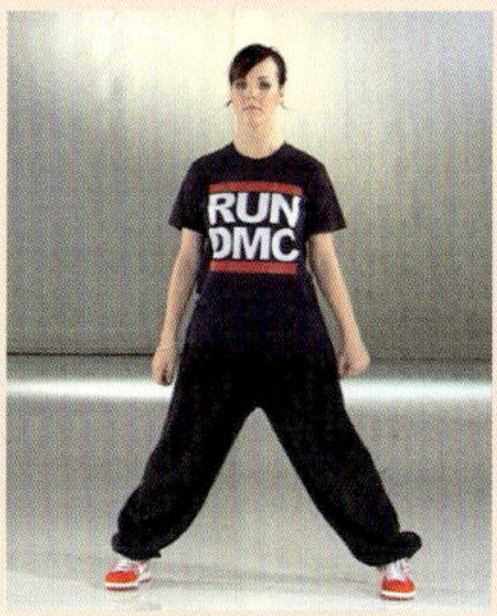

1

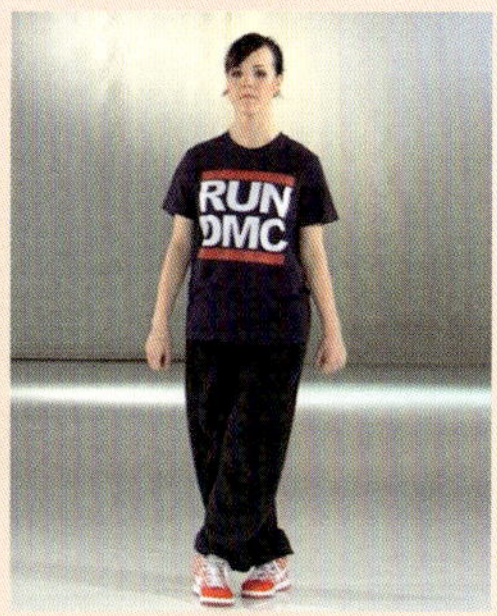

und

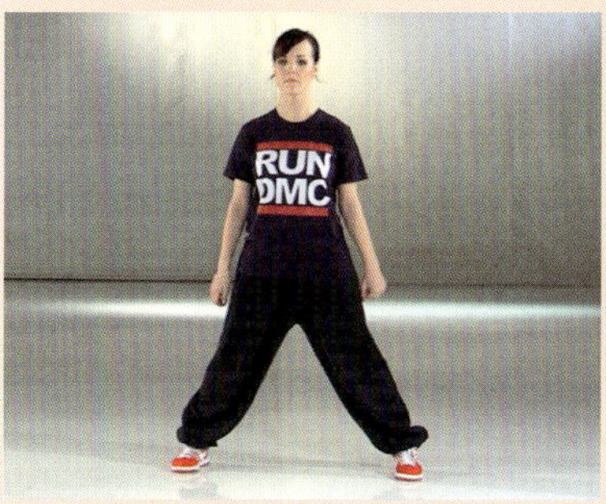

2

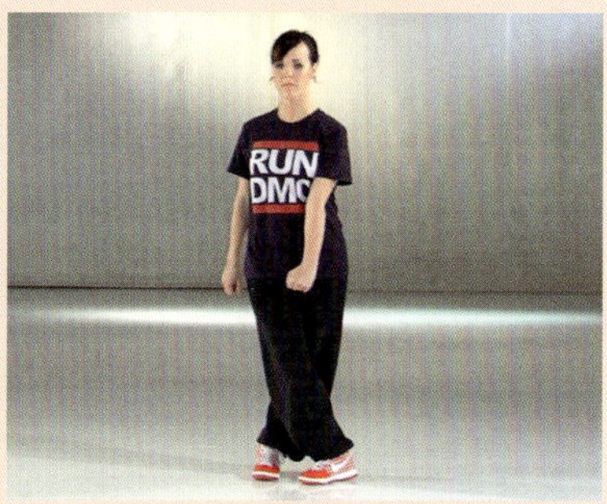

und

4.2.3.6 Moonwalk

Kein anderer Schritt ist so eng mit einer Person verknüpft wie der Moonwalk mit Michael Jackson. Generationen von Tanzschülern haben sich schon an diesem Schritt probiert und so darf dieser natürlich bei den Grundschritten des HipHop nicht fehlen.

Gemeinsame Merkmale aller Variationen

- Aufrechter Oberkörper.
- Ständiger Bodenkontakt der Füße.

17+18

Moonwalk

- → **Ausgangsposition:** Geschlossene Beinstellung.
- → Schritt linkes Bein vor, Fuß flach am Boden absetzen, Gewicht bleibt auf rechtem Bein.
- → Linkes Bein mit flach auf dem Boden aufliegendem Fuß gestreckt wieder heranziehen.
- → Dabei langsam rechte Ferse heben, dadurch rechtes Bein beugen und Gewichtsverlagerung auf gestrecktes linkes Bein.
- → Selbiges mit rechten Bein ausführen.

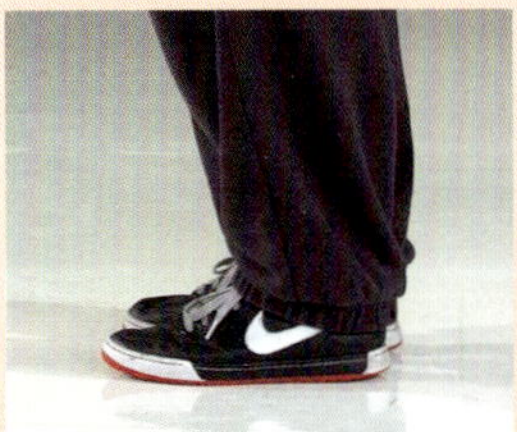

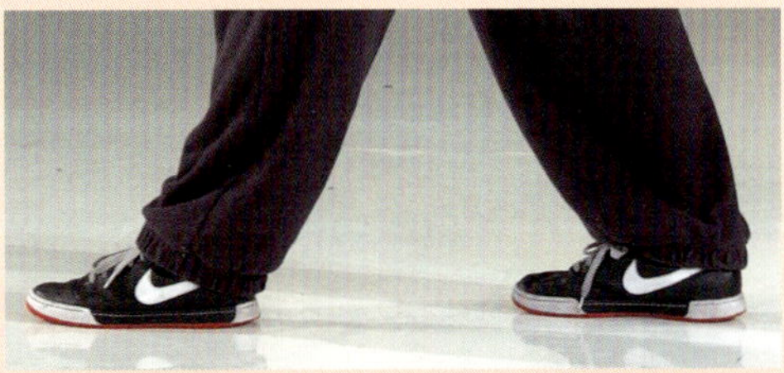

1

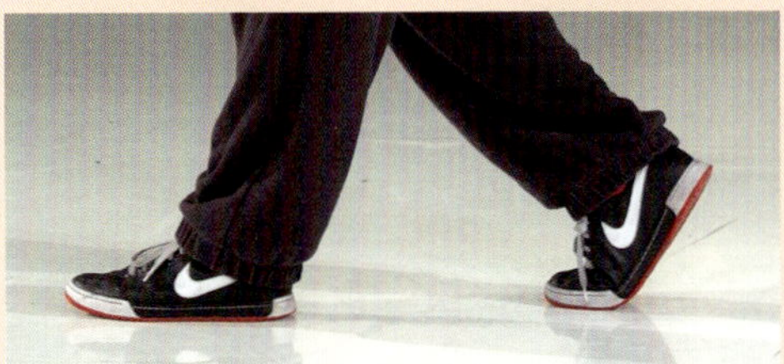

und

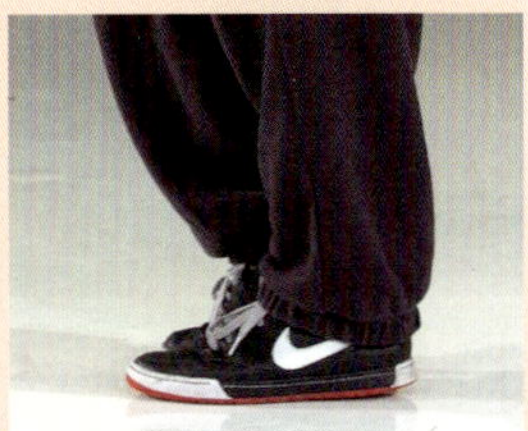

2

4.2.3.7 Heel-Toe

Dieser Schritt ist von der Schwierigkeit höher einzustufen als vergleichsweise der Step Touch, da hierbei beide Füße gleichzeitig unterschiedlich bewegt werden und auch das Gleichgewicht gehalten werden muss.

19+20

Heel-Toe

- **Ausgangsposition:** Geschlossene Beinstellung, Fußstellung leicht nach innen gedreht, Knie beugen wie eine „A-Position" (aus Tänzersicht, siehe Bilder).
- Verlagerung Gewicht auf linken Ballen und rechte Ferse, dabei linke Ferse und rechten Ballen abheben, wie eine „V-Position".
- Zurück in die Mitte wie eine „A-Position".
- Verlagerung des Gewichts auf rechten Ballen und linke Ferse, dabei rechte Ferse und linken Ballen abheben wie eine „V-Position".

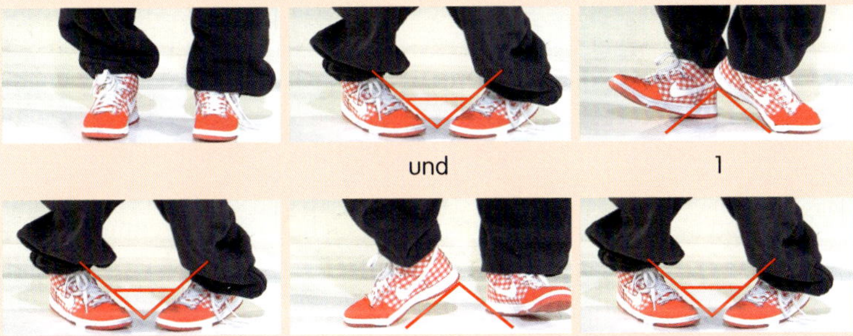

und 1

und 2 und

Beispiel für eine Bewegungsfolge

- V-Position einfach nach rechts, A-Position Mitte, V-Position einfach nach links, A-Position Mitte, V-Position zweifach nach rechts, wobei die A-Position in der Mitte nur wippend passiert wird.
- Selbiges direkt anschließend nach links ausführen.

4.3 Choreographien

4.3.1 Möglichkeiten der Erstellung einer Choreographie

Erste Überlegungen

Dieses Buch bietet ihnen drei ausgearbeitete Choreographien zum Nachlernen. Vielleicht möchten Sie jedoch diese Schrittfolgen etwas abwandeln oder ganz eigenes Schrittmaterial kreieren. Manche Tipps können dabei sowohl bei ersten Überlegungen als auch bei der Erarbeitung von konkretem Schrittmaterial hilfreich sein und die Arbeit erleichtern.

Zielgruppe

Die Zielgruppe ist maßgeblich für den Inhalt der Choreographie. Für sehr junge und noch verspielte Unterstufenschüler eignet sich anderes Schrittmaterial als für Ältere, bereits „coole" Schüler. Auch die Vorkenntnisse aus vorherigen Klassenstufen oder privater Tanzerfahrung spielen eine Rolle und sollten zu Beginn vom Lehrer beurteilt oder erfragt werden. Die kooperativen Vermittlungsmethoden ermöglichen jedoch eine gute Differenzierung, falls einzelne Schüler bereits mehr Vorkenntnisse als der Rest der Klasse haben.

Verwendung

Musikauswahl

Die Verwendung der Choreographie muss Ihnen zu Beginn nicht zwingend klar sein. Auch aus wenig Schrittmaterial, das anfänglich nur für den Sportunterricht gedacht war, kann eine Choreographie für einen Auftritt am Schulfest entstehen. Die Musikauswahl richtet sich jedoch stark nach der Verwendung der Choreographie und kann, muss aber nicht von Anfang an festgelegt sein.

Bei einer Choreographie, die nur für den Sportunterricht gedacht ist, bietet es sich an, dass Sie diese auf verschiedene Musiktitel tanzen lassen. Hier eignen sich Titel, die wenige oder keine Rhythmusunterbrechungen, Pausen oder Tempowechsel haben. Die Titelauswahl sollte überdies langsame und schnelle Titel beinhalten, so dass beim Üben das Tempo variiert werden kann. Außerdem ist das Einüben so etwas abwechslungsreicher und Kollegen in anderen Hallenteilen sind nicht so schnell entnervt ☺.

Bei einer Choreographie für einen Auftritt gilt es jedoch einen Musiktitel zu wählen, der Rhythmuswechsel, Stopps, „Ausrufe“ und andere Raffinessen beinhaltet, da diese kreative Ansätze zur Gestaltung der Choreographie geben.

Grundsatz 1: Schrittmaterial lieber einfach und dafür präzise!

Grundsatz 2: Schrittmaterial kontrast- und abwechslungsreich!

Das Schrittmaterial sollte lieber einfach und präzise, als schwierig und ungenau sein! Seien Sie sich ganz sicher in der Ausführung der Bewegungen und in den Raumwegen. Sonst können Sie sie den Schülern nicht richtig erklären und den Lernenden fällt es schwer, Sie nachzuahmen. Außerdem sollten die Bewegungen, beziehungsweise die gesamte Choreographie kontrastreich und somit abwechslungsreich für Tänzer und Betrachter sein.

Entstehung einer Choreographie

Im Folgenden wird beschrieben, wie mit Hilfe des Bild- und Videomaterials sowie mit Ihren eigenen kreativen Ideen, Schritt für Schritt eine Choreographie entstehen kann. Dem kreativen Umgang mit Schrittmaterial können die Gestaltungskriterien Raum, Zeit und Dynamik zu Grunde liegen (siehe Kapitel 4.2.2).

Passende Grundschritte auswählen

1. Schritt …

17+18

KV 4+5

Wählen Sie die Grundschritte je nach Niveau der Schüler aus (siehe Kapitel 4.2). So eignen sich die Grundschritte *Bounce* oder *Step Touch* z. B. eher für Schüler mit wenig Vorkenntnissen als der Grundschritt *Top Rock*.

2. Schritt …

Erarbeitung von eigenem Schrittmaterial

Hierbei sind ihrer Kreativität keine Grenzen gesetzt, jedoch können folgende Tipps und Vorstellungsbilder dabei helfen, Schritte zu kreieren:

- Hören Sie auf den Text und setzen Sie ihn in Bewegungen um.
  Beispiele sind:
  - „up" = mit der Hand hoch zeigen
  - „lazy" = Oberkörper zurücklehnen
  - „look" = auf etwas zeigen, schauen
  - „down" = in die Hocke gehen, usw.

- Hören Sie auf Instrumente/Höhepunkte in der Musik und verleihen Sie diesen tänzerischen Ausdruck.
  Beispiele sind:
  - Eine Violine im Hintergrund könnte tänzerisch mit einer eher weichen Handbewegung aufgegriffen werden.
  - Ein dominanter Schlagzeugbeat könnte tänzerisch mit einer stampfenden Bewegung aufgegriffen werden.

- Verfremden Sie Alltagsbewegungen z. B. aus Haushalt, Sport und Beruf mit Hilfe der Gestaltungskriterien (siehe Kapitel 4.2.2). Kombinieren Sie diese neuen Bewegungen mit den Grundschritten oder verwenden Sie sie als Verbindungselemente.
  Beispiele sind:
  - Die Bewegung „Wäsche aufhängen" wird extrem schnell (Zeit) und mit beiden Händen zu einer Seite ausgeführt (Raum) und mit einem Step Touch (Grundschritt) verbunden.
  - „Über einen Tisch wischen."
  - „Den Tennisaufschlag machen."
  - „Das Auto lenken", usw.

- Drücken Sie eine Geschichte in Bewegungen aus und verfremden Sie diese mit Hilfe der bekannten Gestaltungskriterien.
  Beispiele sind:
  - Tagesablauf
  - Liebesgeschichte
  - Situation aus ihrem Alltag, usw.

- Setzen Sie Worte oder Buchstaben in Bewegung um, gestalten Sie diese mit Hilfe ihres Körpers und verbinden Sie diese mit anderen Tanzschritten.
  Beispiele sind:

- „S“ als Schlangenlinie mit der Hand.
- „O“ als Kreis mit den Armen.
- „T“ als Linie aus gestreckten Armen und Beinen.

• Das Bewegungsbild eines Fadens bzw. Seils ist besonders geeignet bei Partnerchoreographien.
  Beispiele sind:
  - An einem imaginären Faden ziehen, so dass sich das jeweilige Körperteil des Gegenübers bewegt (Knie, Ellenbogen, Brustkorb …).
  - An einem imaginären Seil ziehen, das die gesamte Gruppe oder einen Teil der Gruppe in eine bestimmte Richtung zieht usw.

Erstellen von verschiedenen Aufstellungsformen

3. Schritt …

Ausdrucksstarke Aufstellungen sind das sogenannte „i-Tüpfelchen“ einer jeden Choreographie. Sie sollten jedoch erst daran arbeiten, wenn das Schrittmaterial von Ihren Schülern beherrscht wird oder Sie das Gefühl haben, dass es zur Motivationssteigerung nach einer langen Übungsphase dienen könnte. Orientieren Sie sich an geometrischen Formen und seien Sie mit diesen kreativ.

Beachten Sie dabei lediglich die Ausrichtung zum Publikum und ob alle Tänzer und Bewegungen gut sichtbar sind.

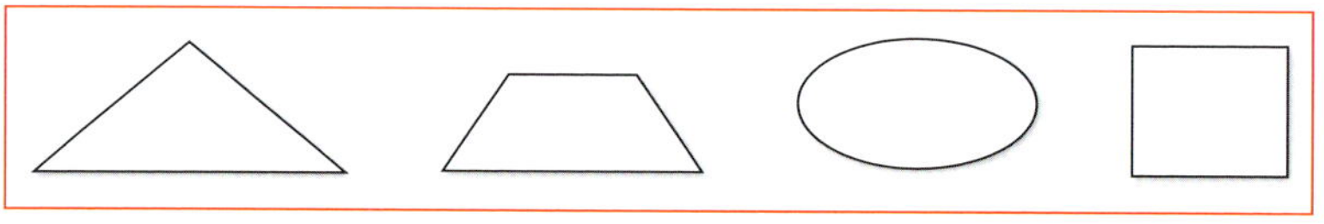

Abb. 6a: Auswahl geometrische Formen

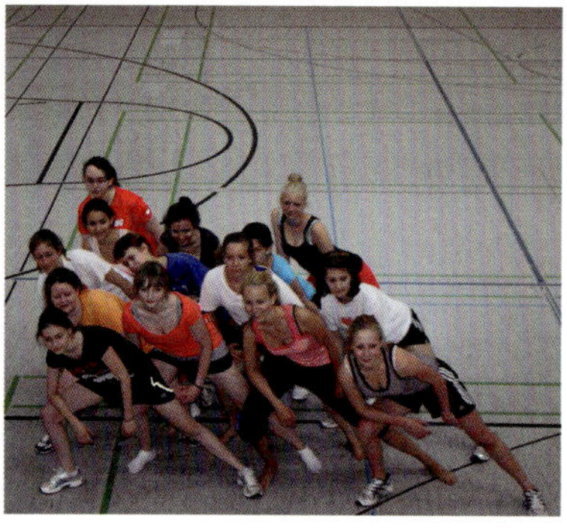

Abb. 6b: Pulk

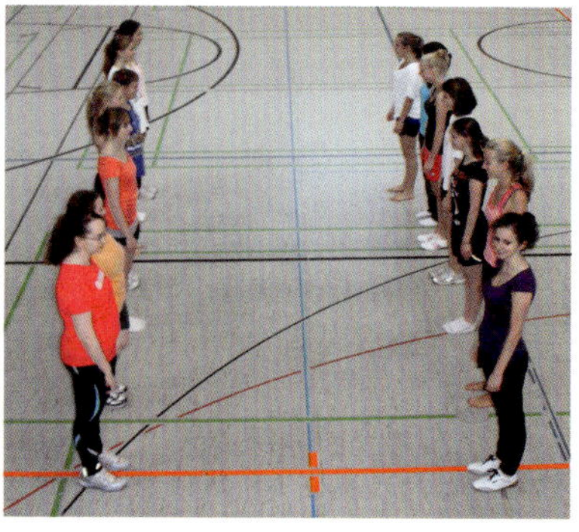

Abb. 6c: Gasse

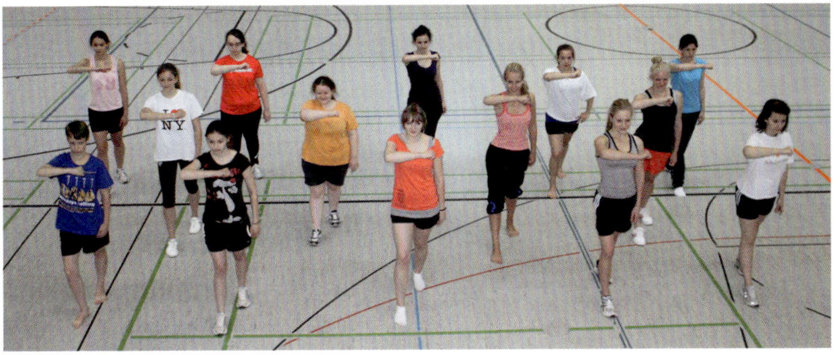

Abb. 6d: Blockaufstellung (versetzt)

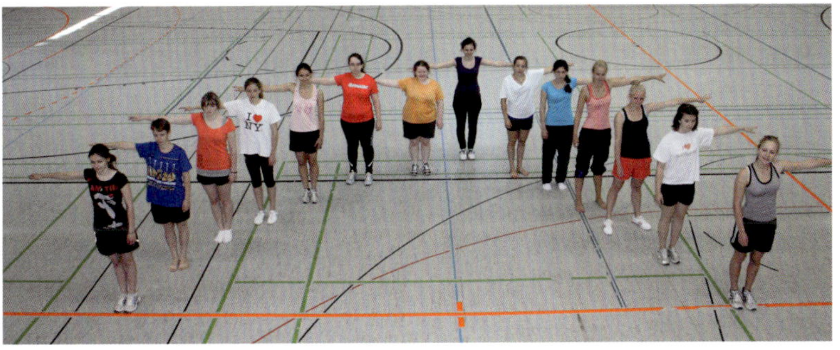

Abb. 6e: Halbkreis

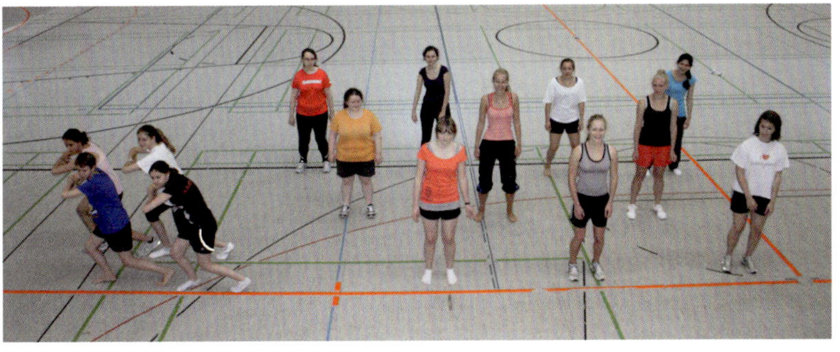

Abb. 6f: Block mit einzelnen Gruppen, die sich abheben

4.3.2 Möglichkeiten der Präsentation einer Choreographie

In diesem Kapitel werden verschiedene Möglichkeiten beschrieben, wie die Ergebnispräsentation am Ende einer jeden Sportstunde gestaltet werden kann. Das von den Schülern selbst erarbeitete oder von Ihnen präsentierte Schrittmaterial wird durch die abschließende Präsentation nochmals gefestigt und wertgeschätzt.

Beginn einer Unterrichtseinheit

Zu Beginn einer Unterrichtseinheit bietet es sich am Ende einer Sportstunde an, Präsentationsformen zu wählen, bei denen die einzelnen Gruppen noch nicht vor der gesamten Klasse, sondern eher vor Kleingruppen präsentieren müssen. Schaltet man diese „Mini-Präsentationen" zeitlich parallel, sind alle Schüler aktiv und unangenehme Drucksituationen werden vermieden.

Verlauf einer Unterrichtseinheit

Im Verlauf einer Unterrichtseinheit werden die Schüler schon mehr Vertrauen zu ihrem tänzerischen Können aufgebaut haben. Somit können nach und nach Präsentationsformen gewählt werden, die dem Ziel näher kommen, auch vor der gesamten Klasse oder vor größerem Publikum zu tanzen.

Während einer Präsentation ist generell zu beachten, dass alle Schüler eine Aufgabe haben. Somit vermeiden Sie Leerlauf in der Sportstunde.

Beispielaufgaben sind:

- Eine Bewegungsaufgabe („Begleitet die Präsentation durch Klatschen im Takt und den Grundschritt xy!").
- Eine Beobachtungsaufgabe („Beobachtet einen Tänzer genau und achtet auf seinen Ausdruck im Gesicht und seine Körperspannung! Gebt ihm danach ein kurzes Feedback").

Verschiedene Präsentationsformen

Präsentation von mehreren Kleingruppen zeitgleich

Diese Form bietet sich zu Beginn einer Einheit an. Erste Tanzversuche können somit im kleinen Rahmen dargeboten werden. Zusätzlich können Beobachtungsaufgaben verteilt werden, die die Schüler nach der Präsentation kurz rückmelden. Nach dem folgenden Schema kann diese Präsentationsform zusätzlich rotieren, so dass jede Gruppe einander vortanzt.

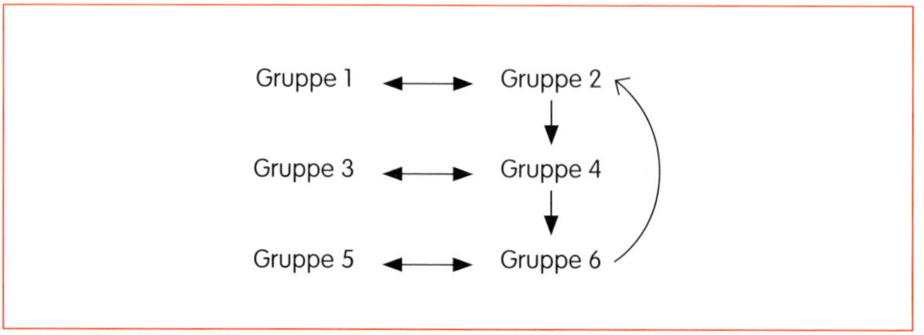

Abb. 7: Präsentation von mehreren Kleingruppen zeitgleich

Präsentation von einer Kleingruppe während der Blockaufstellung

Diese Form bietet sich an, wenn die Klasse eine vorgegebene Choreographie (A-Teil) gemeinsam erlernt und in Kleingruppen diese selber weiterentwickelt hat (Gruppe 1, 2, 3 ...). Nach dem folgenden Schema können diese eigenen Choreographieteile sowie der gemeinsame Teil in einer „Dauerschleife" eingeübt und gleichzeitig präsentiert werden.

Hierbei empfiehlt es sich, dass Sie den jeweils zuschauenden Schülern eine einfache Bewegungsaufgabe zuteilen. Um etwas Ruhe in den Ablauf zu bringen, sollten beispielsweise 2×8 Taktschläge Grundschritte zwischen Gruppen- und wiederkehrendem Hauptteil platziert werden (z. B. *Bounce, Step Touch* oder *Slide Touch).*

Ablauf

A-Teil (2x8) – Gruppe 1 (2x8) – Slide Touch (2x8)

A-Teil (2x8) – Gruppe 2 (2x8) – Slide Touch (2x8)

A-Teil (2x8) – Gruppe 3 (2x8) – Slide Touch (2x8)

A-Teil (2x8) – Gruppe 4 (2x8) – Slide Touch (2x8)

...

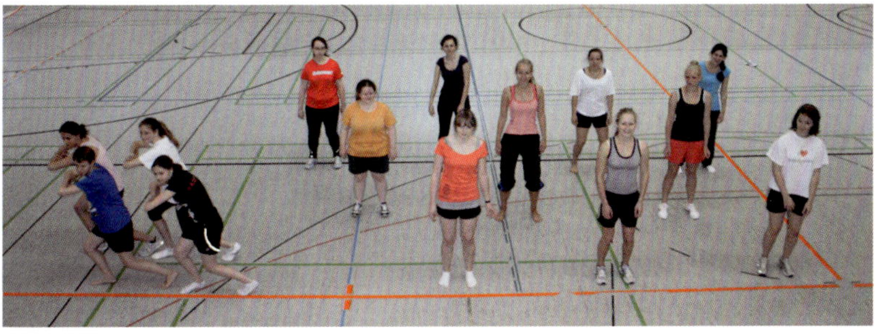

Abb. 8: Präsentation von einer Kleingruppe während der Blockaufstellung

Präsentation von zwei Kleingruppen in der Gassenaufstellung

In dieser Formation können Sie jeweils abwechselnd die Hälfte der Klasse Schrittmaterial darbieten lassen. Eine zweite Variante wäre die gegenüberstehenden Gruppen gleichzeitig tanzen zu lassen. Dies stellt jedoch eine höhere Anforderung an die Konzentration, da der Gegenüberstehende die Bewegungen spiegelverkehrt macht.

Außerdem könnte aus dieser Formation eine Art *„Battle"* entstehen. Hierbei geht es darum, die gegenüberstehende Gruppe zu beeindrucken und tänzerisch zu übertreffen.

Es bleibt dabei Ihnen überlassen, ob Sie die Schüler hierbei in Reihen oder versetzt aufstellen lassen (Abb. 9).

Ebenso eignet sich diese Aufstellungsform für einen ausgelassenen Stundenabschluss (abhängig von der Motivation Ihrer Schüler). Die Gasse steht eng und klatscht im Takt. Die zwei ersten Schüler bewegen sich jeweils tanzend mit Schrittmaterial aus der Unterrichtseinheit oder frei durch die Gasse und stellen sich am Ende der Gasse wieder an (Abb. 10).

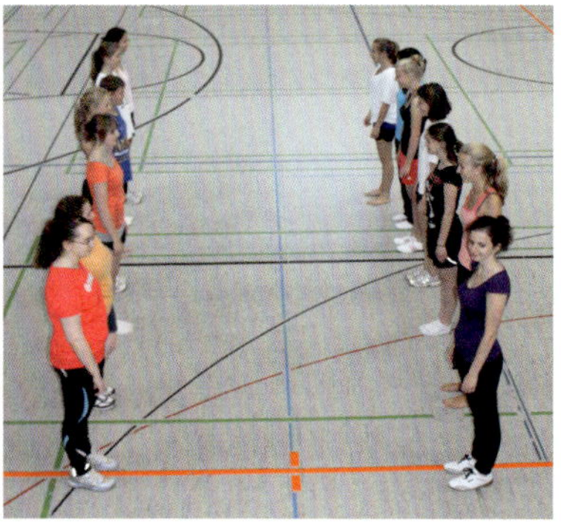

Abb. 9: Gasse

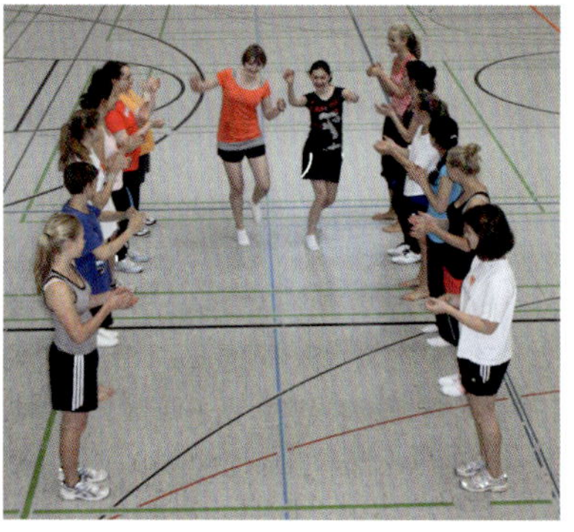

Abb. 10: „Soultrain"

Präsentation von einer Kleingruppe vor der gesamten Klasse

Diese Form bietet sich zur Motivationssteigerung, als Spiegelersatz (die anderen Kleingruppen schauen von vorne zu) und als endgültige Präsentationsform für Auftritte an.

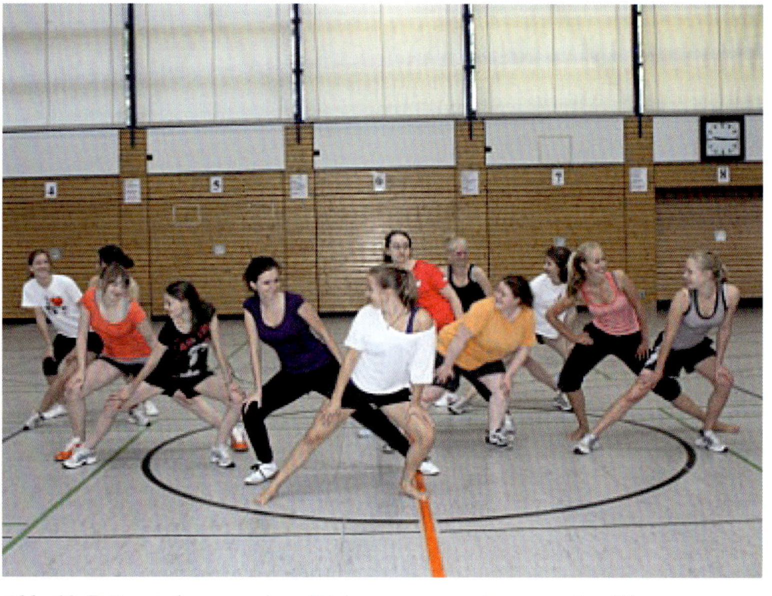

Abb. 11: Präsentation von einer Kleingruppe vor der gesamten Klasse

Choreographien

Die folgenden drei Choreographien sind aus jahrelanger Erfahrung entstanden und haben sich in der Praxis bewährt. Die gewählte Unterteilung in Unter-, Mittel-, und Oberstufe entspricht einem steigenden tänzerischen Anspruch. Je nach Vorkenntnissen der Schüler kann die passende Choreographie gewählt werden.

4.3.3 Choreographie: Unterstufe (Partnerchoreographie)

21 normal
22 langsam

KV 6
Partnerchoreographie

Zielgruppe:
Unterstufe/Mittelstufe; keine bis wenig Vorkenntnisse

Musik: 80–100 BPM

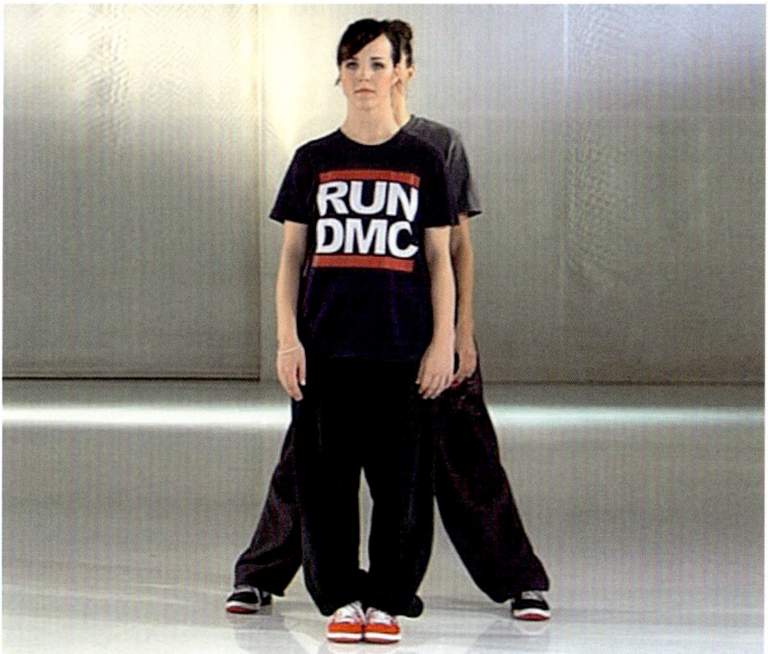

Ausgangsposition

- → Beide Partner stehen hintereinander, wobei der Größere von Beiden hinten steht.
- → PA[6] steht vorne und hat die Beine geschlossen.
- → PB steht direkt dahinter in der 2. Position parallel.

---

6 Erläuterung: Partner A = PA, Partner B = PB

1. 8er

PA

1, 2	Pause
3 und	2 Plié hintereinander (abgehackt)
4	Aufspringen in 2. Position parallel, Plié
5	Oberkörper nach links
6	Oberkörper nach rechts
7, 8	Schließen rechtes zu linkem Bein und enden in 6. Position

PB

1, 2	Rechte Hand, dann linke Hand über PA Kopf
3 und	Arme nach unten bewegen, als würde man den anderen Partner mit den Händen „runterdrücken"
4	Arme runternehmen in Ausganspositіon
5	Oberkörper nach rechts
6	Oberkörper nach links
7, 8	Schließen linkes zu rechtem Bein und enden in 1. Position parallel

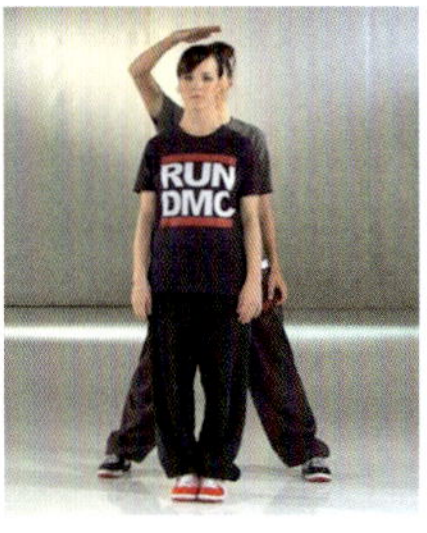

1

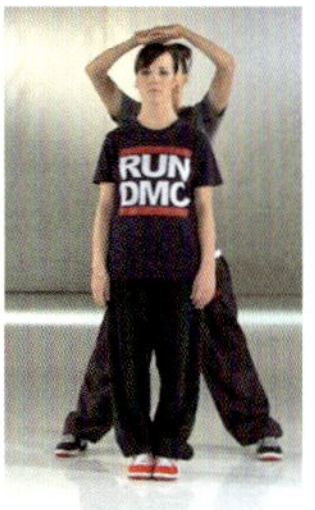

2

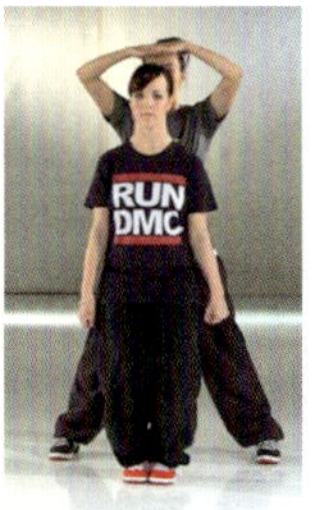

3

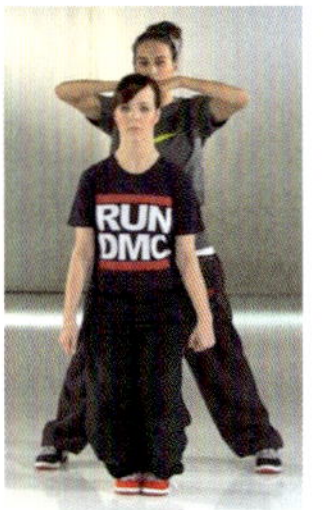

und

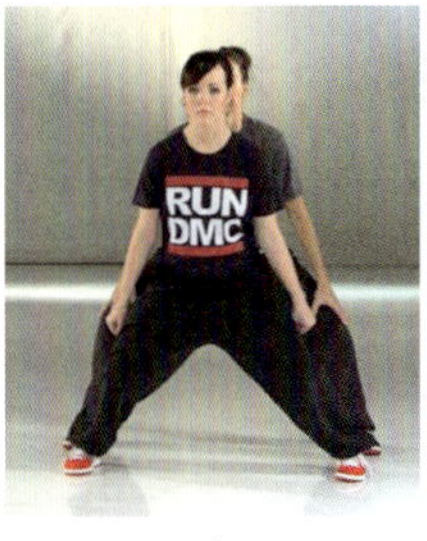

4

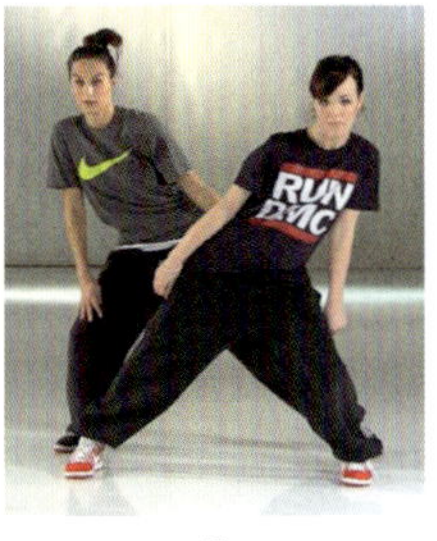
5

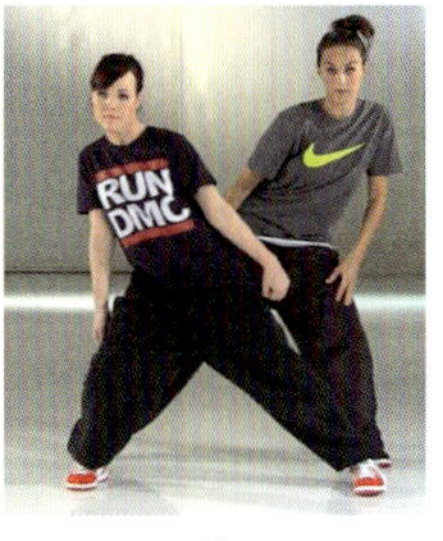
6

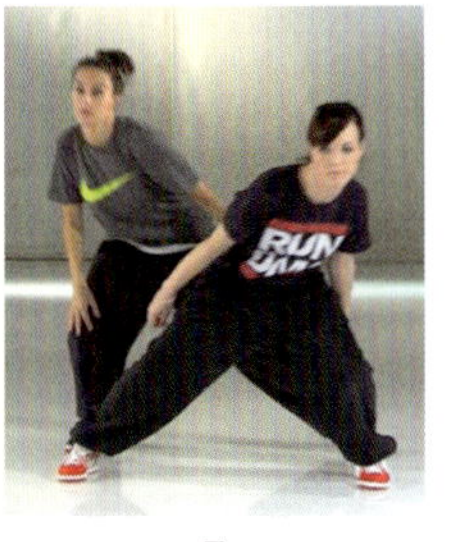
7

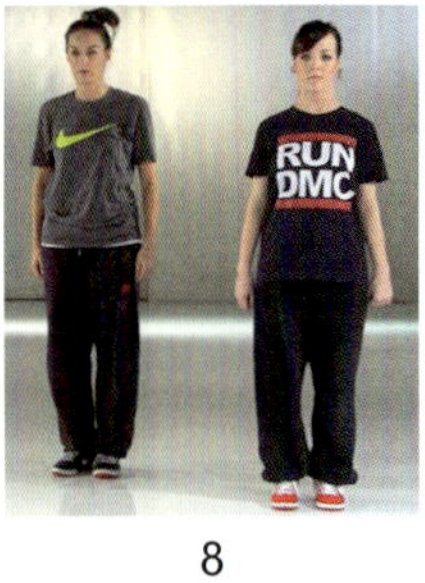

8

2. 8er

Slide Touch im Viereck umeinander

PA

1, 2 **Slide** rück mit rechtem Bein, linkes Bein schließt in 1. Position

3, 4 **Slide** zur rechten Seite mit rechtem Bein, linkes Bein schließt in 1. Position

5, 6 **Slide** vor mit rechtem Bein, linkes Bein schließt in 1. Position

7, 8 **Slide** zur linken Seite mit linkem Bein, rechtes Bein schließt in 1. Position

PB

1, 2 **Slide** vor mit linkem Bein, rechtes Bein schließt in 1. Position

3, 4 **Slide** zur linken Seite mit linkem Bein, rechtes Bein schließt in 1. Position

5, 6 **Slide** rück mit linkem Bein, rechtes Bein schließt in 1. Position

7, 8 **Slide** zur rechten Seite mit rechtem Bein, linkes Bein schließt in 1. Position

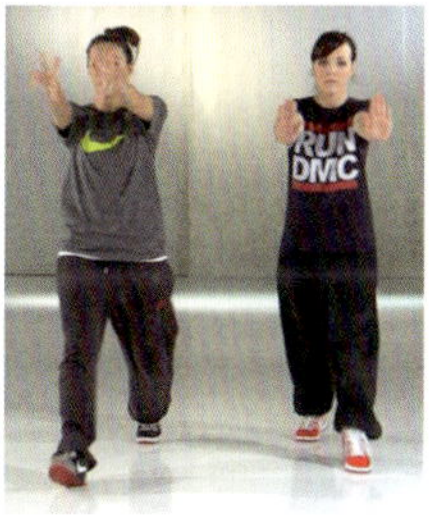

1

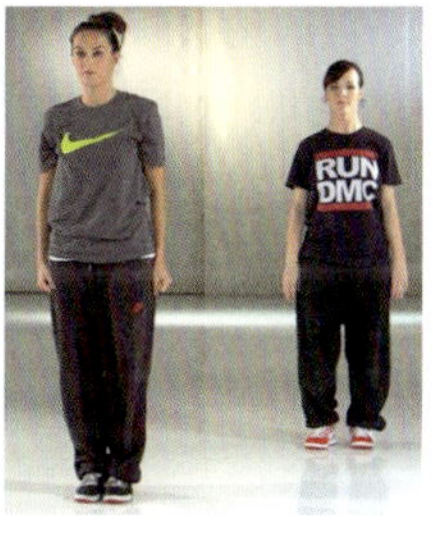

2

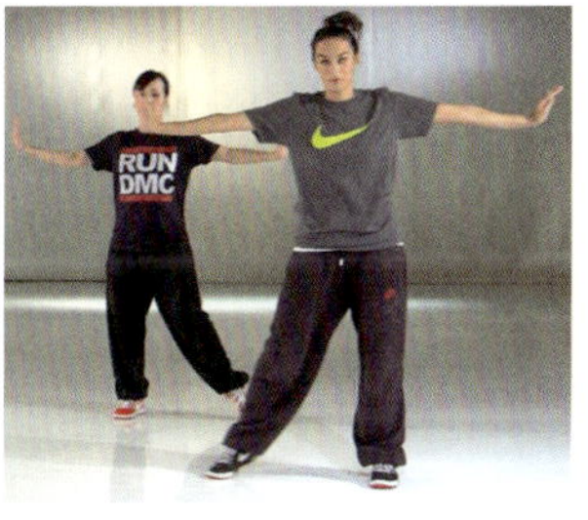

3

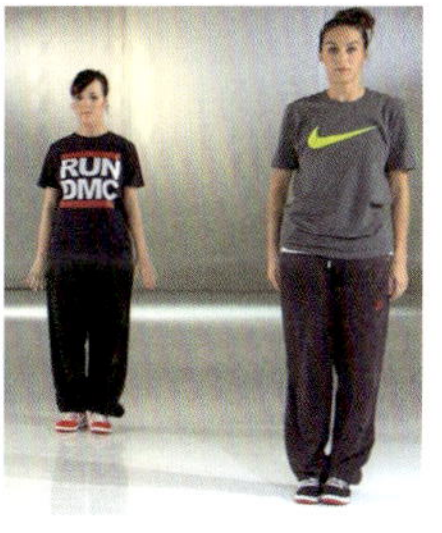

4

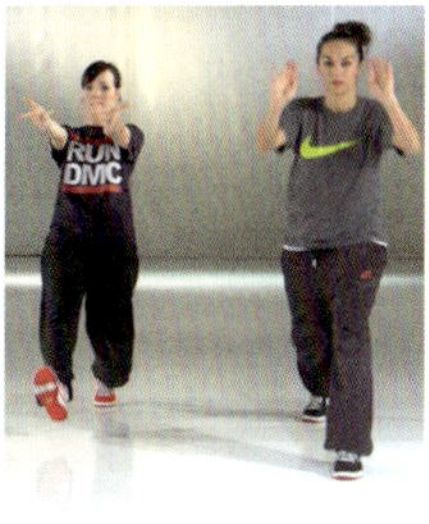

5

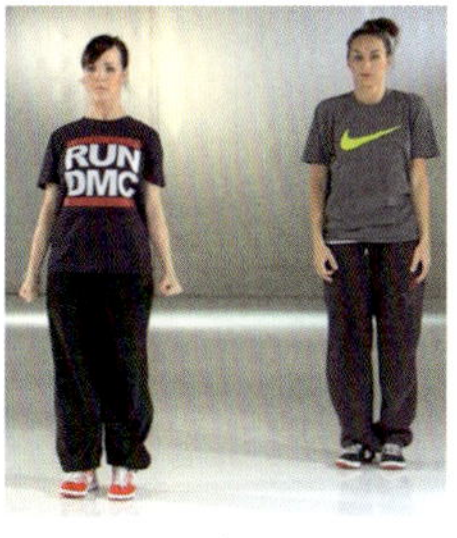

6

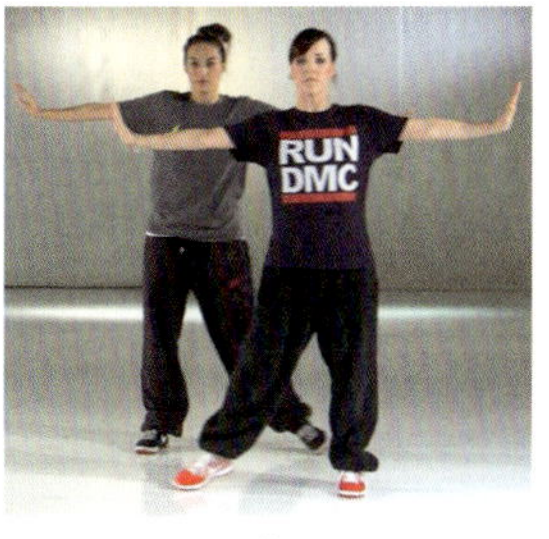

7

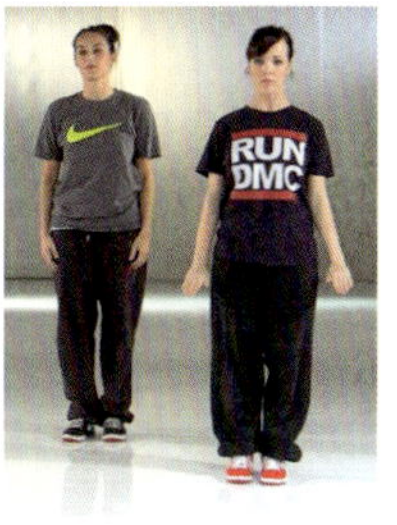

8

3. 8er

PA

1, 2 **Bounce** nach links mit linkem Bein und wieder schließen in 6. Position, Arme dabei locker mitnehmen

3, 4 **Bounce** nach rechts mit rechtem Bein und wieder schließen in 6. Position, Arme dabei locker mitnehmen

5, 6 Pause

7, 8 Mit einem **Step Touch** unter den Armen des PB nach rechts zur Seite „wegtauchen"

PB

1, 2 **Bounce** nach rechts mit rechtem Bein und wieder schließen in 6. Position, Arme dabei locker mitnehmen

3, 4 **Bounce** nach links mit linkem Bein und wieder schließen in 6. Position, Arme dabei locker mitnehmen

5, 6 Mit zwei Schritten, nämlich links und rechts, sich hinter PA stellen und ihn mit den Armen „einfangen"

7, 8 Pause

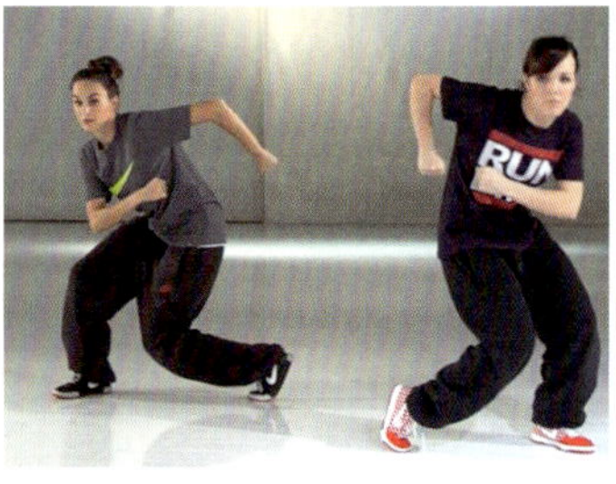

1

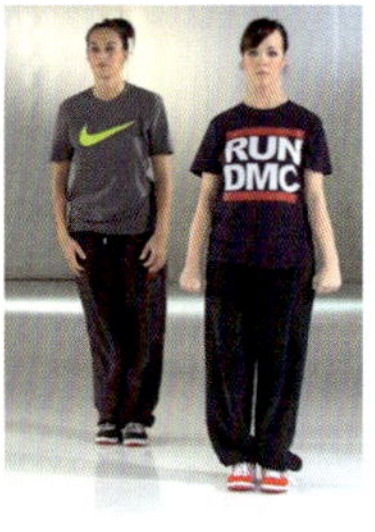

2

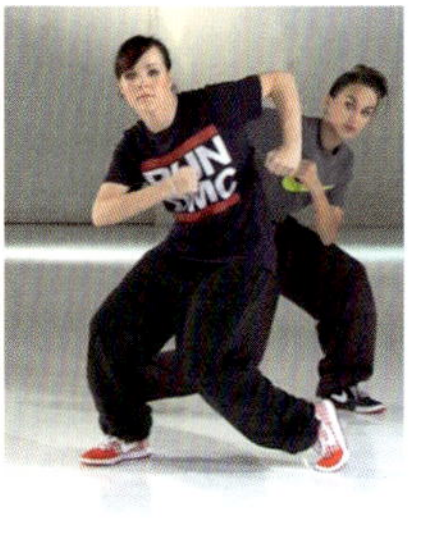

3

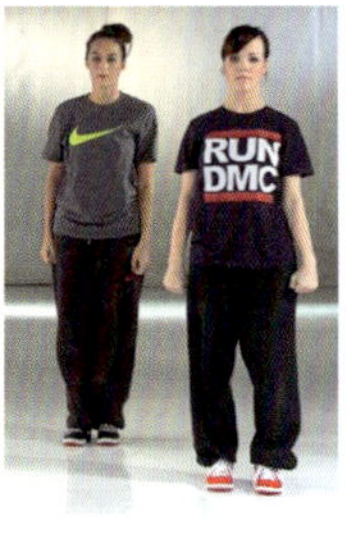

4

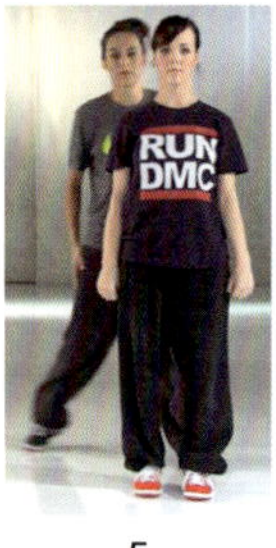

5

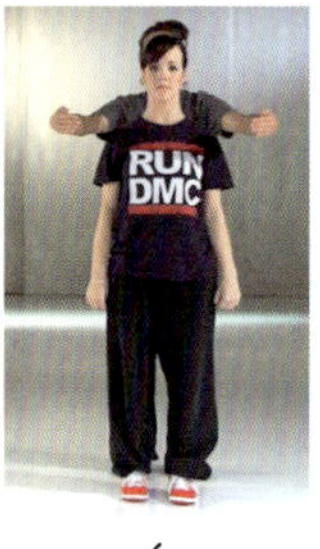

6

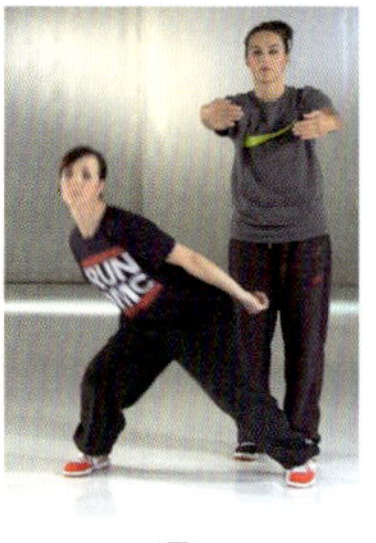

7

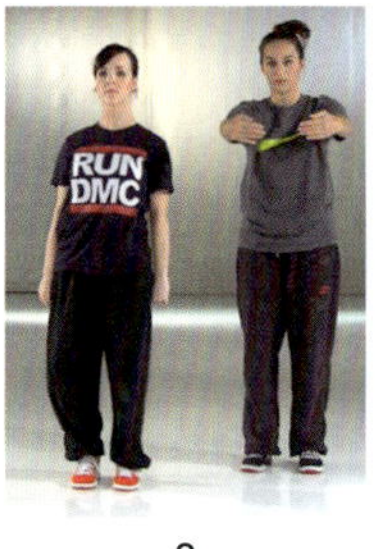

8

4. 8er

PA

1, 2 Pause

3 und 4 Zwei **Brustkorb-Isolations** *(chestpops)* nach vorne

5–8 Kreis um sich selbst gehen über links mit Schritten, nämlich links, rechts, links und schließen mit rechts in 6. Position

PB

1, 2 PA wird wieder von hinten „eingefangen", Schritt mit rechts, links

3 und 4 Arme gehen mit den **Brustkorb-Isolations** von PA mit nach vorne, vergrößern also die Bewegung von PA

5–8 Kreis um sich selbst gehen über rechts mit Schritten, nämlich rechts, links, rechts und schließen mit links in 6. Position

Beide Partner enden, indem sie sich nun gegenüberstehen

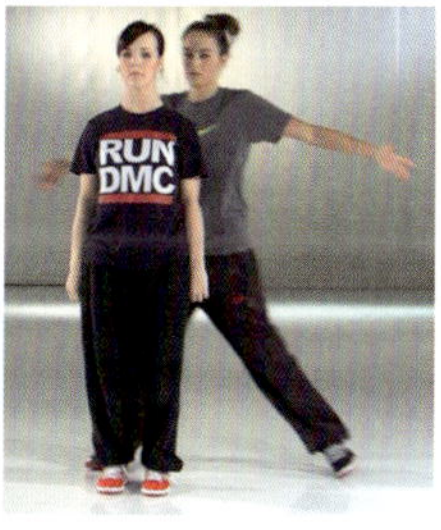

1

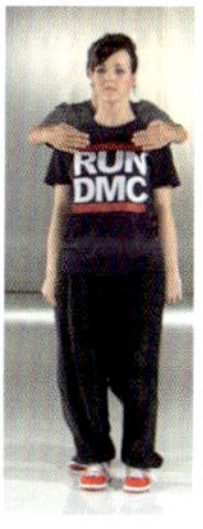

2

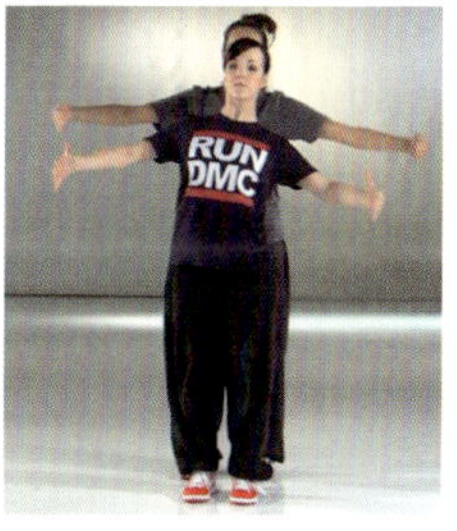

3

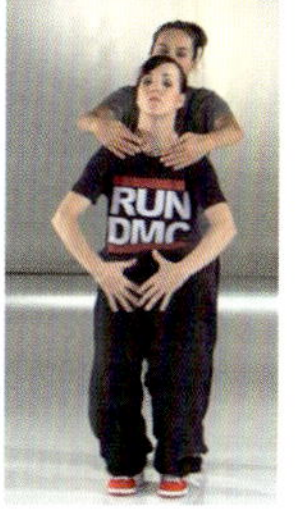
und

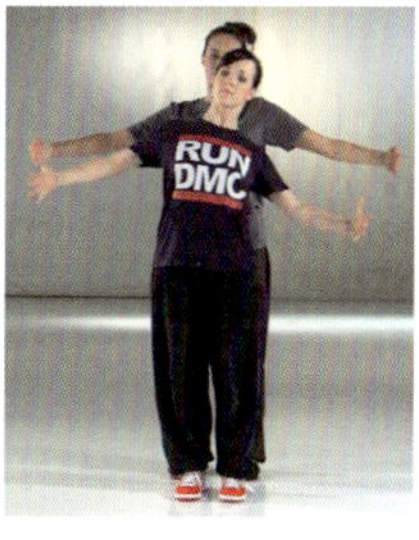

4

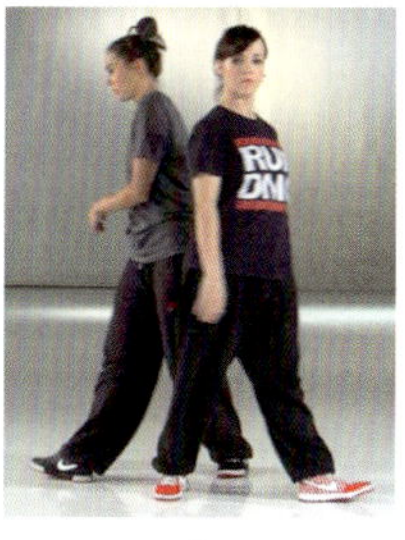
5

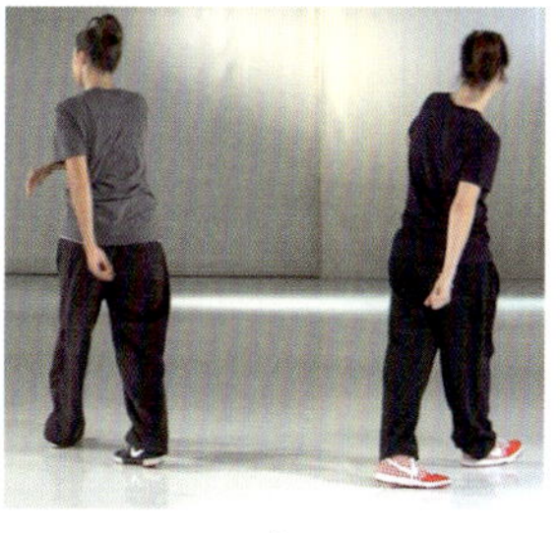
6

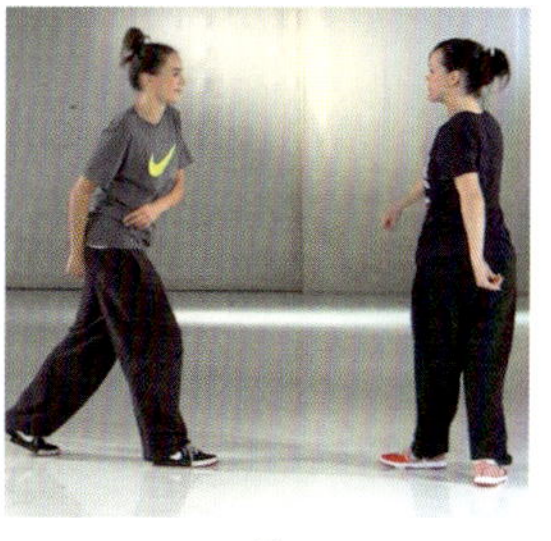
7

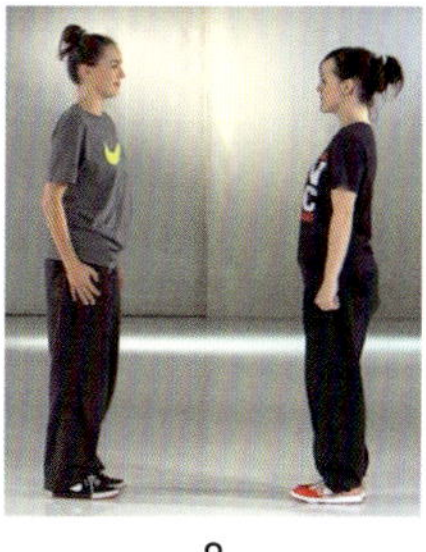
8

5. 8er

PA

1, 2	Schritt mit links nach vorne, Gewichtsverlagerung auf links
3, 4	Rechter Arm „zieht mit unsichtbarem Faden" PB nach vorne, Gewichtsverlagerung vom vorderen linken Bein auf das hintere rechte Standbein
5, 6	Linker Arm „zieht durch unsichtbaren Faden" an linker Schulter von PB, der dadurch nach vorne „gezogen" wird
7	Pause
und 8	**Ball Change** links, rechts von der Seitstellung wieder frontal nach vorne, PA endet in 1. Position parallel mit linkem Arm waagerecht gebeugt vor dem Körper

PB

1, 2	Rechter Arm „zieht mit unsichtbarem Faden" PA nach vorne; dadurch Ausfallschritt nach hinten mit rechts und Gewichtsverlagerung auf das hintere rechte Standbein
3, 4	Gewichtsverlagerung vom hinteren rechten neben das vordere Standbein
5, 6	Schließen rechtes Bein zu linkem in 6. Position und PB endet in Frontalstellung
7	Pause
und 8	**Ball Change** rechts, links nach vorne, PB endet erneut in 1. Position parallel mit rechtem Arm waagerecht gebeugt vor dem Körper

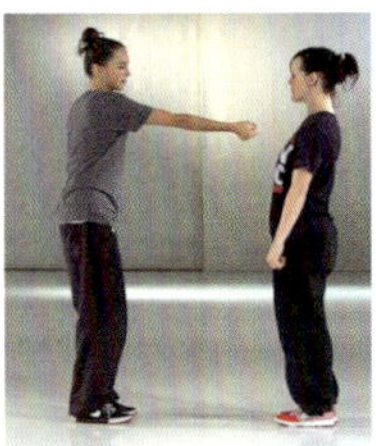
1

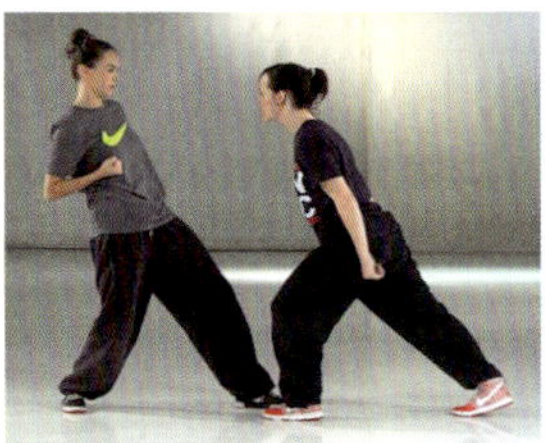
2

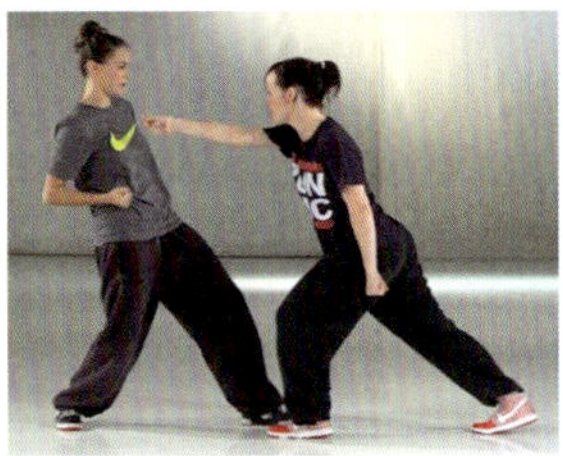
3

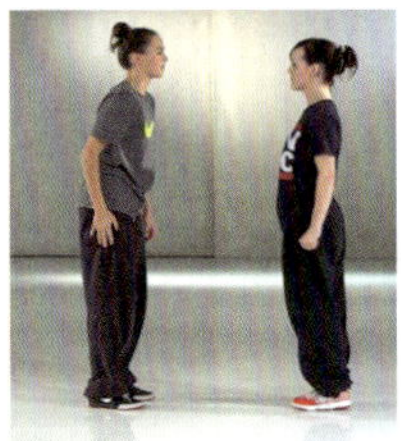
4

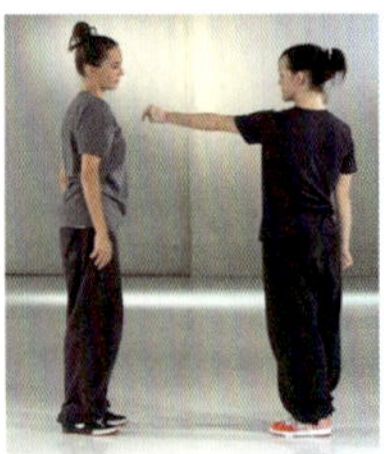
5

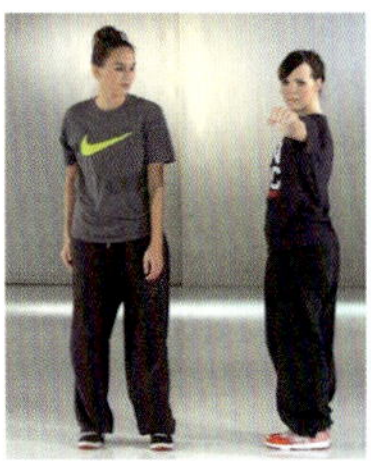
6

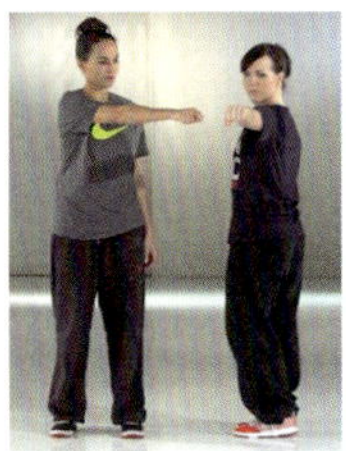
7

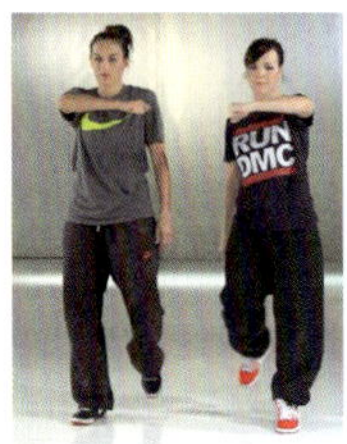

und

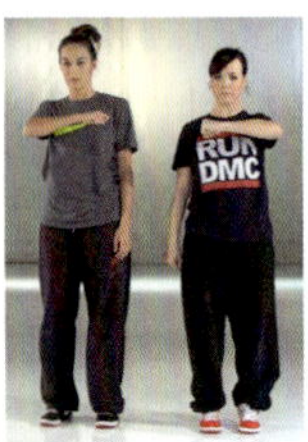

8

6. 8er

PA

1–3	Großer Ausfallschritt zur linken Seite mit Gewichtsverlagerung auf das linke Bein; dabei ziehen beide Partner erneut am „unsichtbaren Faden“
4	Gewichtsverlagerung auf das rechte Bein; „unsichtbarer Faden reißt“, beide Partner nähern sich wieder an
5, 6	**Step Touch** mit Armkreis linker Arm rück und mit dem Oberkörper „durchtauchen“, PA endet in 1. Position parallel
7	**Bounce mit Gewichtsverlagerung über die Ferse** nach rechts
und 8	Bounce mit Gewichtsverlagerung über die Ferse nach links; Endposition

PB

1–3	Ausfallschritt nach rechts zur Seite mit Gewichtsverlagerung auf das rechte Bein; dabei ziehen beide Partner erneut am „unsichtbaren Faden“
4	Gewichtsverlagerung auf das linke Bein, „unsichtbarer Faden reißt“, beide Partner nähern sich wieder an
5, 6	Armkreis rück rechter Arm und mit dem Oberkörper „durchtauchen“, enden in 1. Position parallel
7	**Bounce mit Gewichtsverlagerung über die Ferse** nach rechts
und 8	**Bounce mit Gewichtsverlagerung über die Ferse** nach links; Endposition

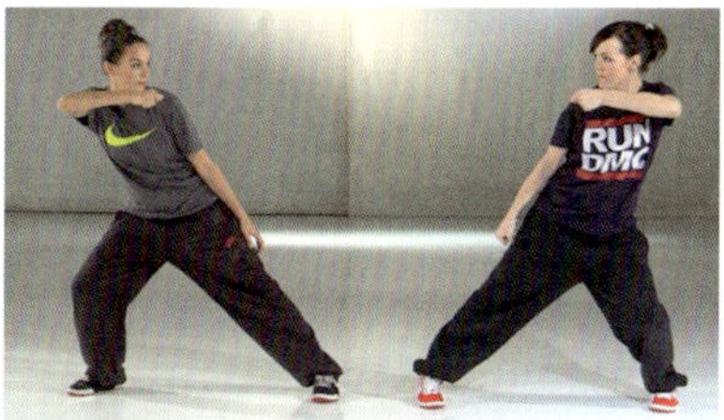

1, 2, 3

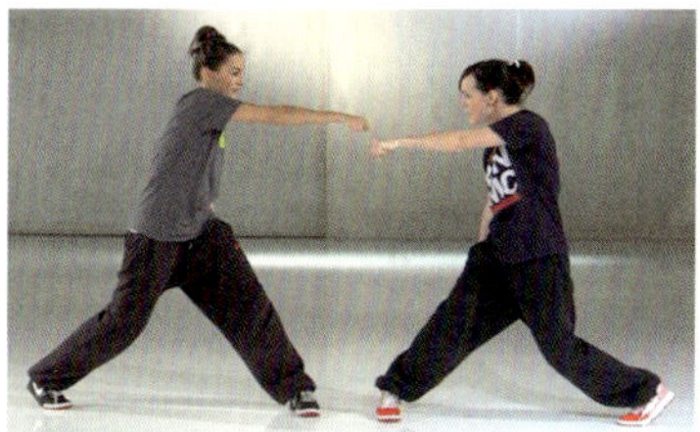

4

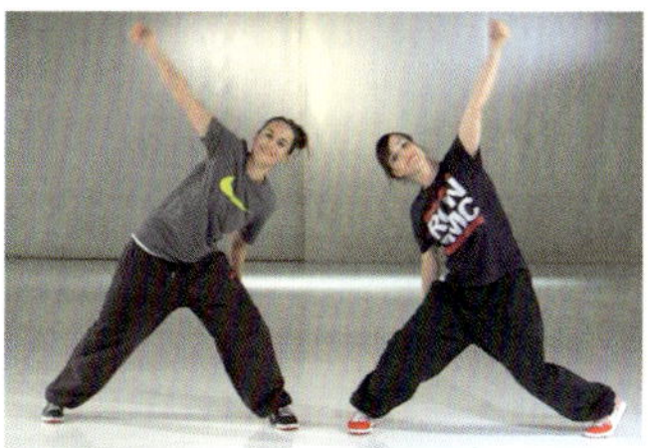

5

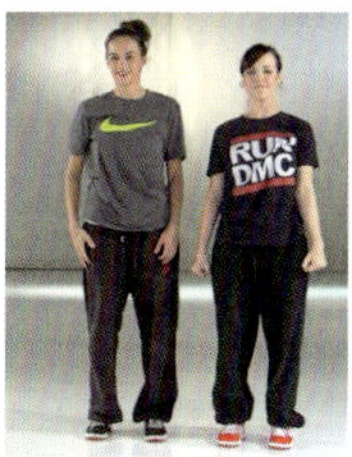

6

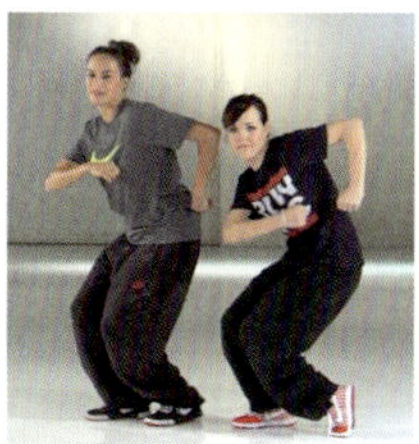

7

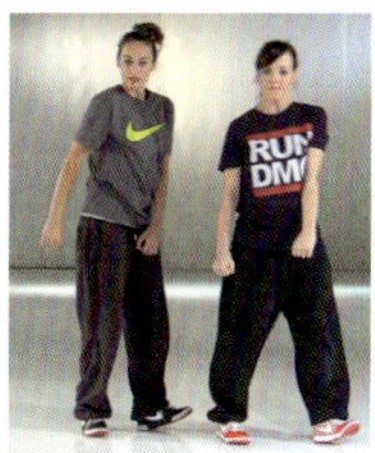

und

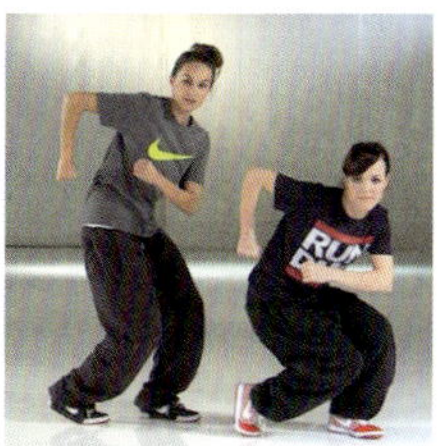

8

4.3.4 Choreographie: Mittelstufe

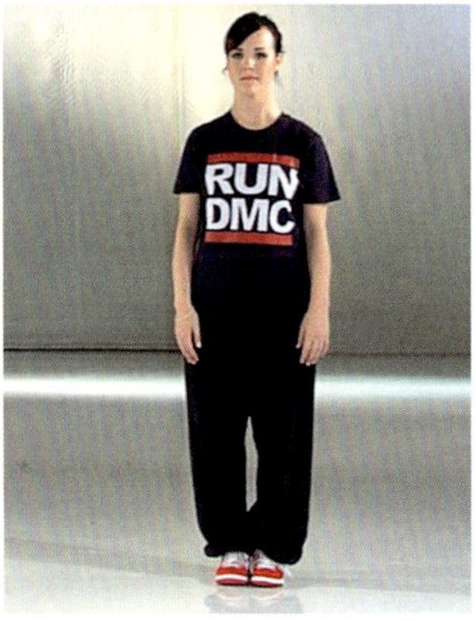

Zielgruppe:
Schüler mit Vorkenntnissen

Musik: 80–100 BPM

23 normal
24 langsam
25 v. hinten

KV 7
Choreographie
Mittelstufe

Ausgangsposition

→ Geschlossene Beinstellung, Blick nach vorne

1. 8er	
1	Schritt vor mit rechts, dazu linker Arm
2	Aufspringen in 2. Position parallel
3 und	Linker Arm hinter rechtem senkrechten Arm von oben nach unten „einstechen“, dabei **bouncen**
4	Einklatschen
5 und	Plié mit Unterarmkreis
6–8	**Jump Cross mit Pencil Turn** mit rechtem Bein vor linkem gekreuzt

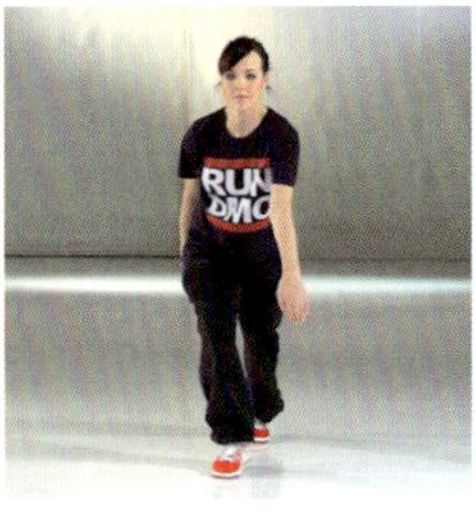
1

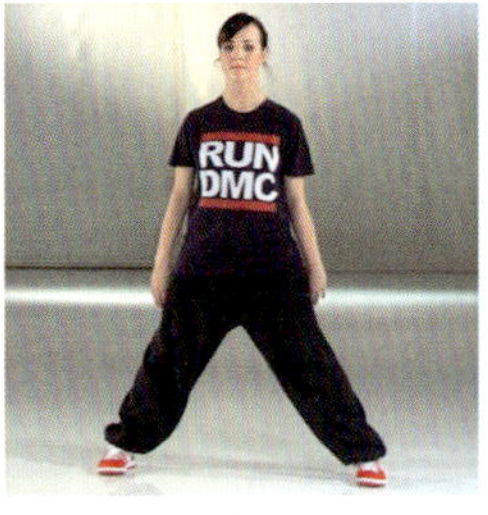
2

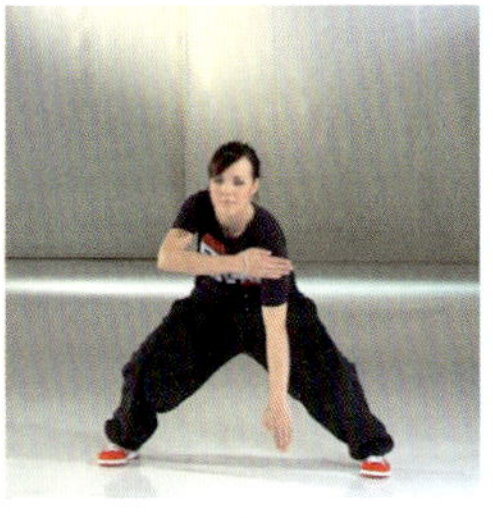
3

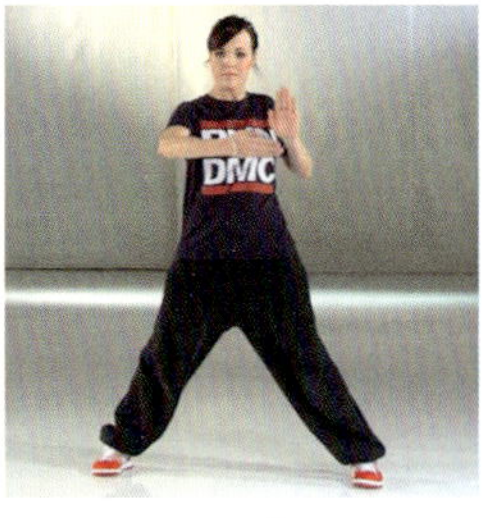
und

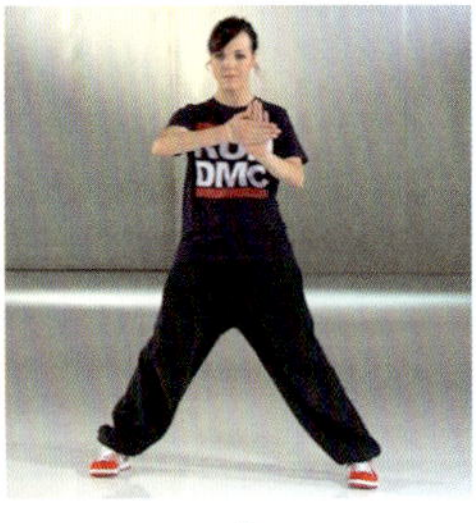
4

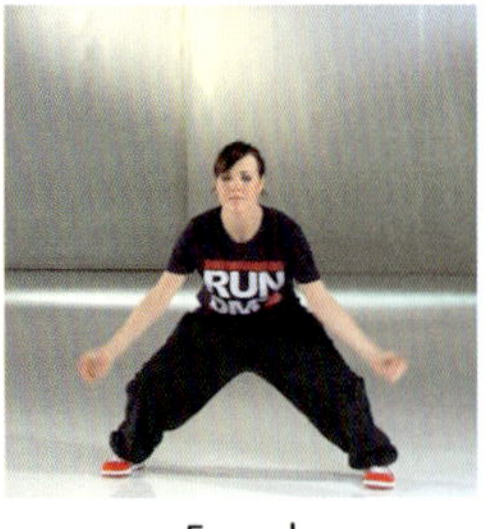
5 und

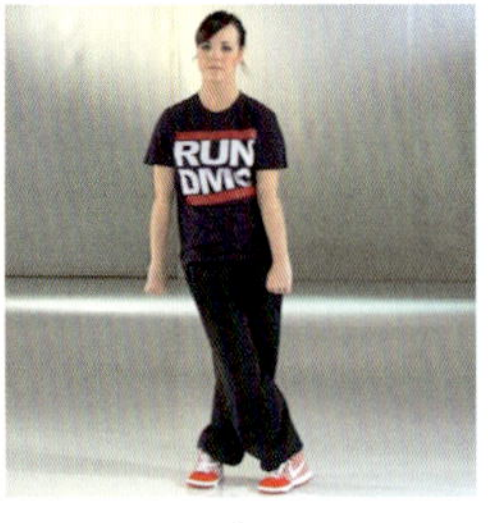
6

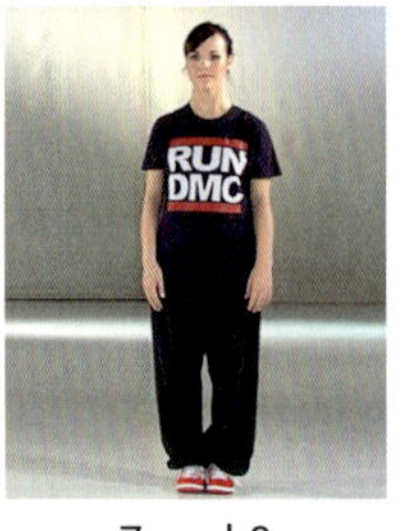
7 und 8

2. 8er

1, 2	**Step Touch** nach rechts mit Armkreis rück linker Arm, dabei vom Arm „wegtauchen"
3, 4	**Step Touch** nach links mit Armkreis rück rechter Arm, dabei vom Arm „wegtauchen"
5 und 6	Zweimal **Bounce** nach rechts mit geöffneten Beinen
und	**Ball Change** nach links
7 und 8	Zweimal **Bounce** nach links mit geöffneten Beinen

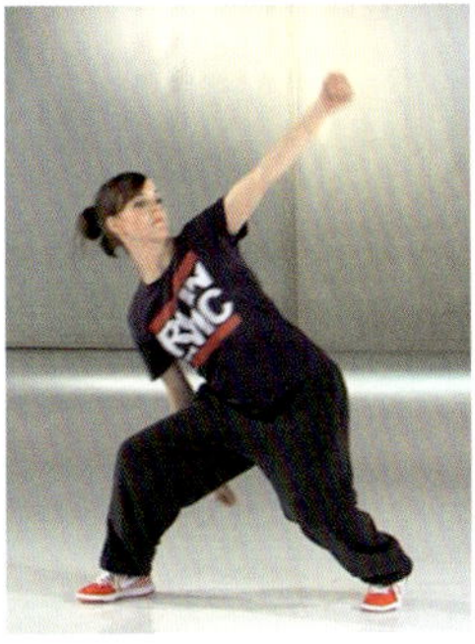

1

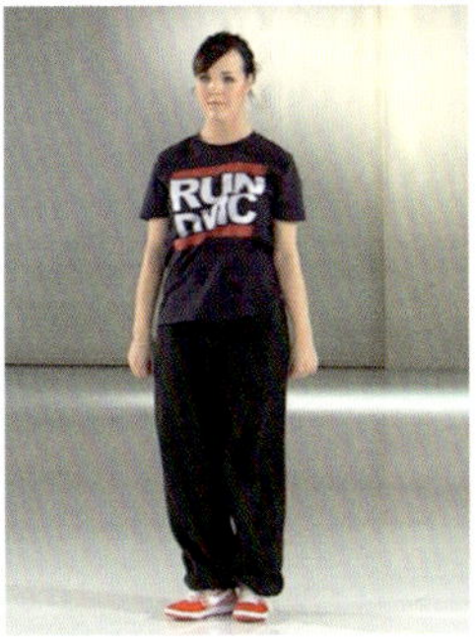

2

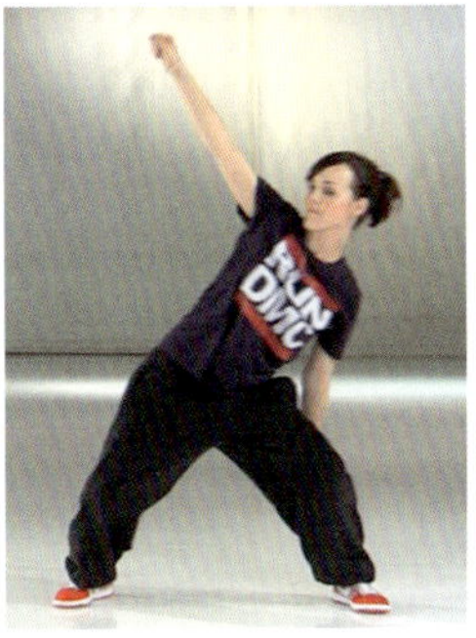

3

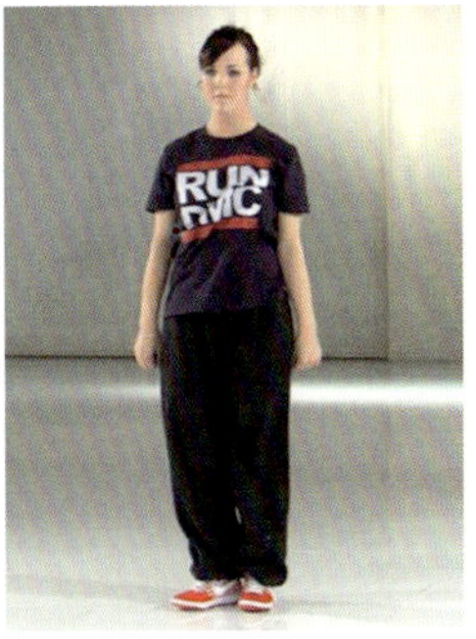

4

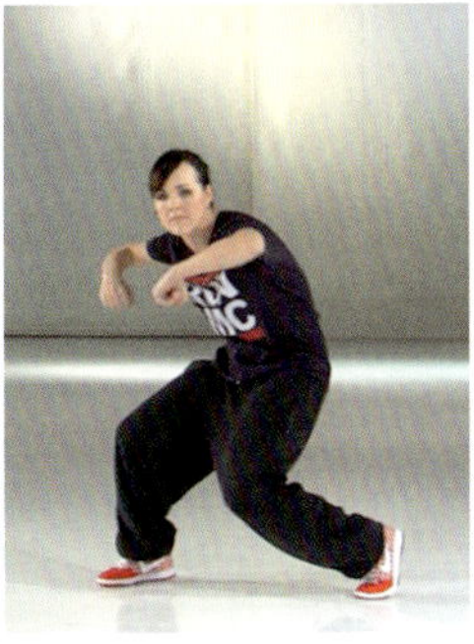

5

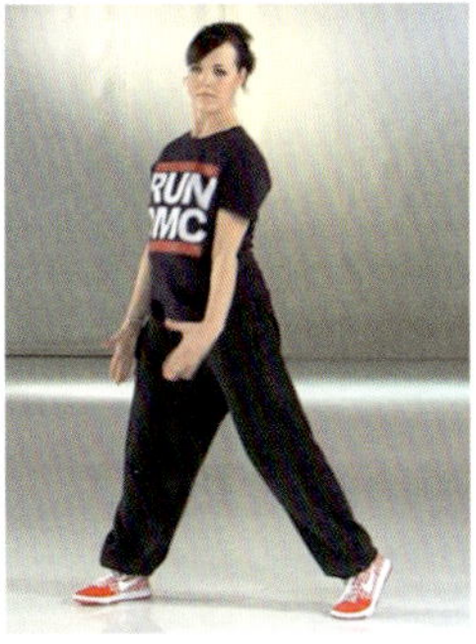

und

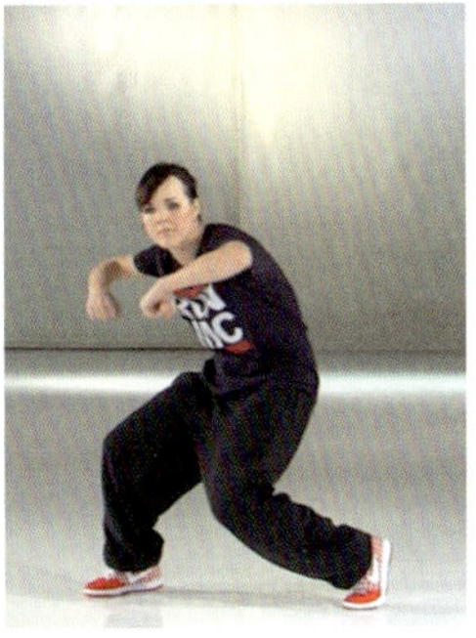

6

und

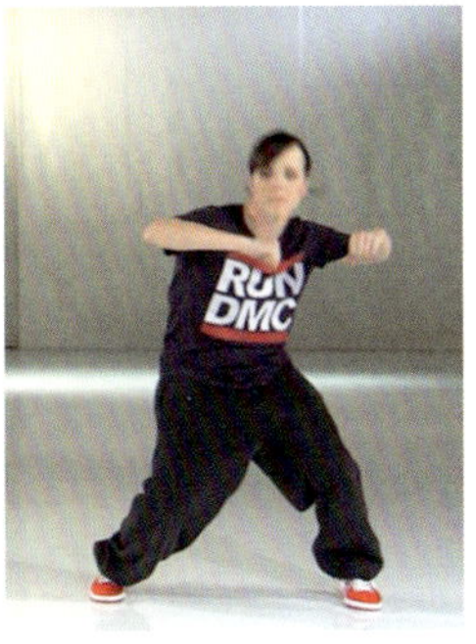

7

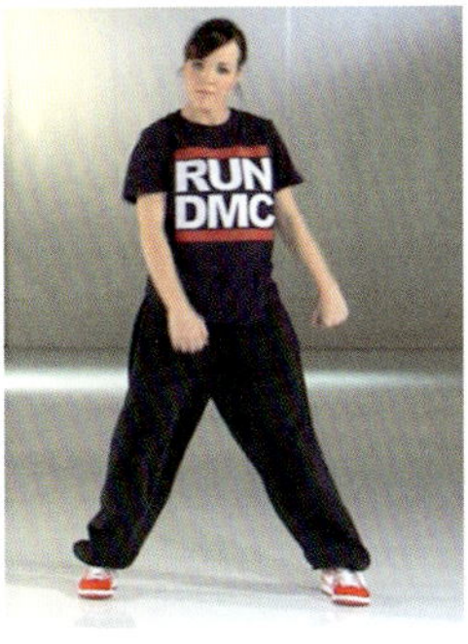

und

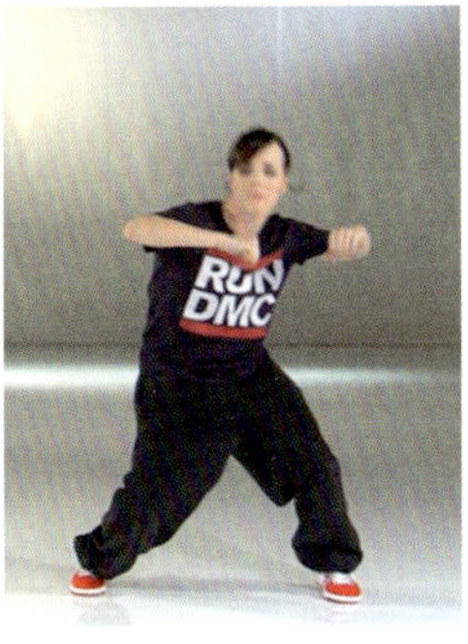

8

3. 8er

1, 2	**Indie Rock** vor mit rechtem Bein links diagonal vor; wieder abstellen in 2. Position parallel; dabei endet rechter Arm diagonal vor
3	Tiefgehen Oberkörper, mit Arm öffnen von links nach rechts
und 4	**Ball Change** mit linkem und rechten Bein nach rechts
5, 6	**Indie Rock** vor mit linkem Bein rechts diagonal vor; wieder abstellen in 2. Position parallel; dabei endet rechter Arm diagonal vor
7	Tiefgehen Oberkörper, mit Arm öffnen von rechts nach links
und 8	**Ball Change** mit rechts und links, Bein nach links

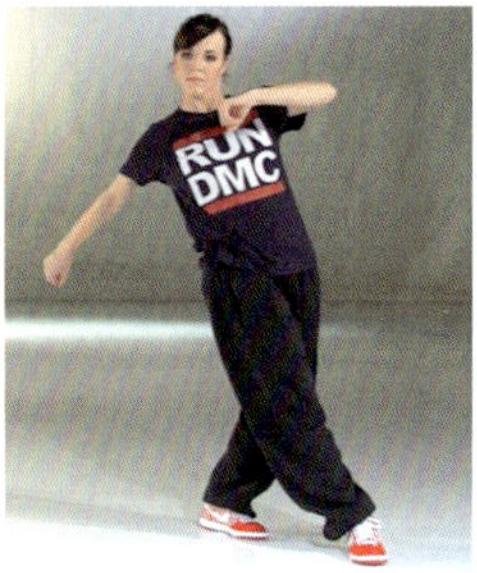
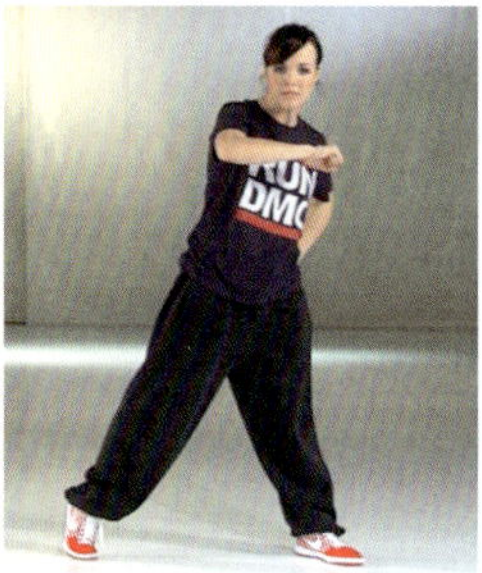
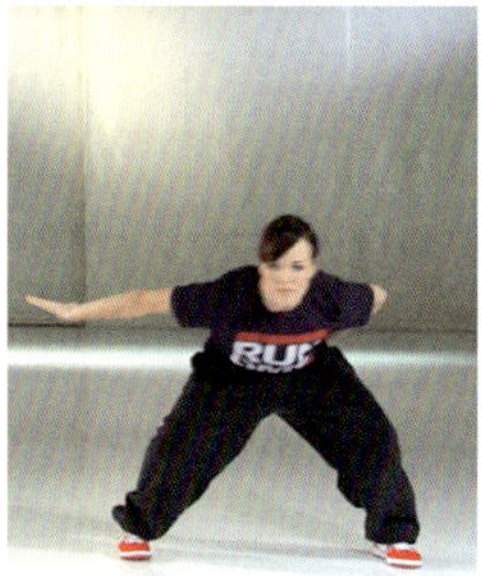
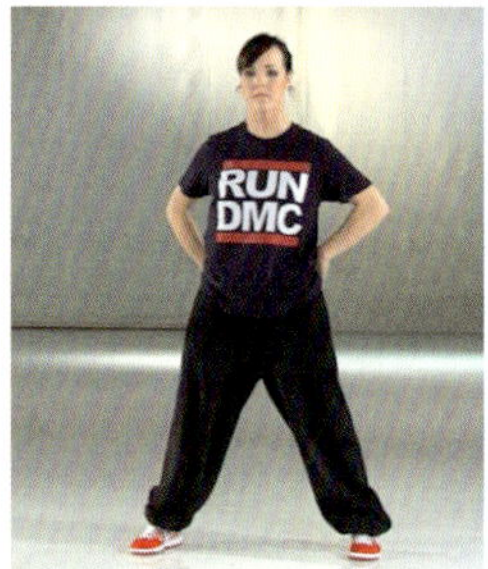

1 2 3 und 4

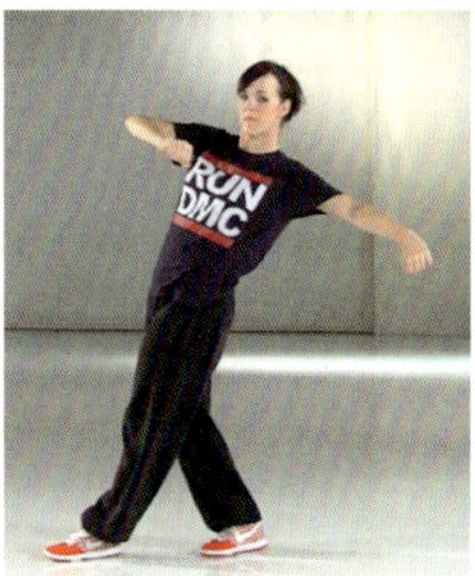
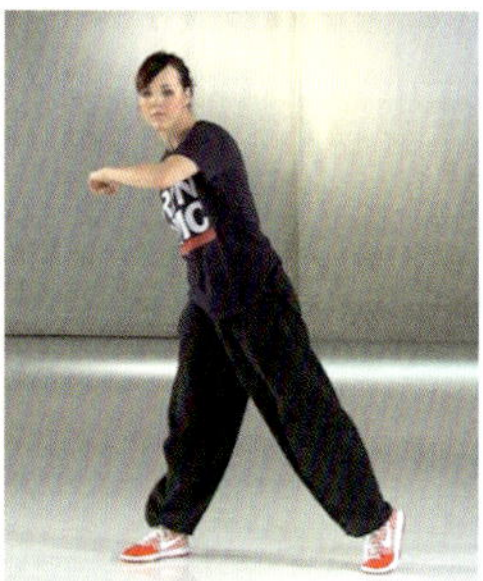
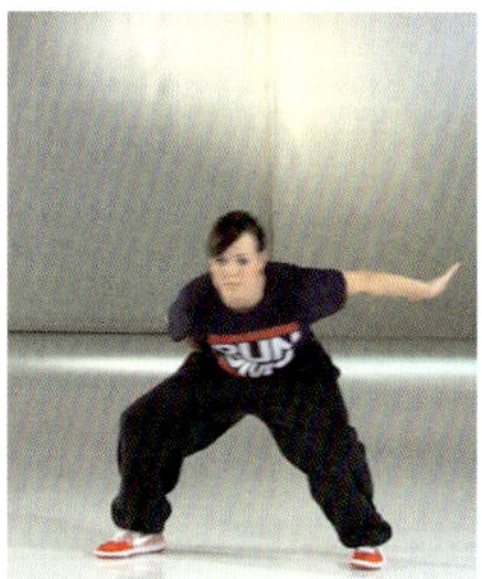
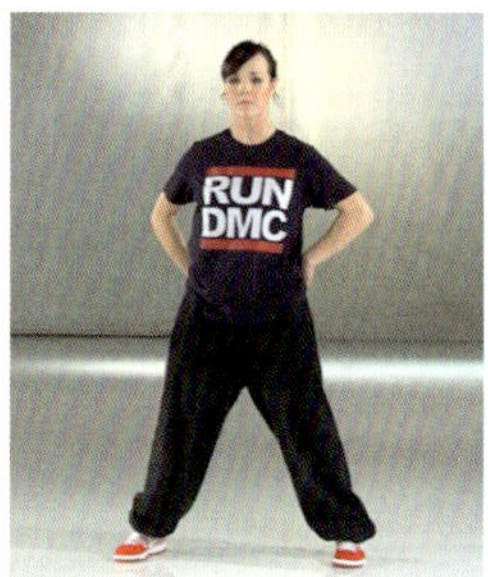

5 6 7 und 8

4. 8er

1	Schritt rechts rück, dabei Arme nach oben
und 2	Plié in Schrittstellung, dabei Arme nach unten „einfalten"; Arme enden gestreckt nach unten
3	Pause
und 4	Arme und Knie öffnen seitlich, ähnlich einer O-Form und wieder zurück
5	Linkes Standbein beugen, rechtes Bein von hinten nach vorne bringen und anbeugen
6	Kick rechtes Bein zur rechten Seite und abstellen; Gewicht bleibt auf linkem Standbein
7 und 8	Gewichtsverlagerung von linkem auf rechtes Bein, dabei Schulterisolations rechts hoch, links hoch, rechts hoch

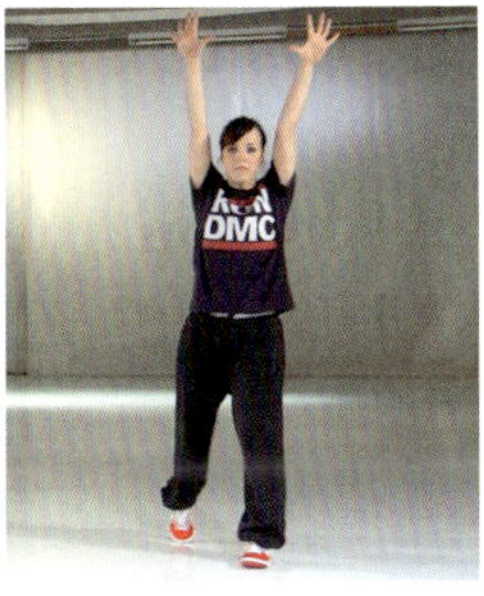

1

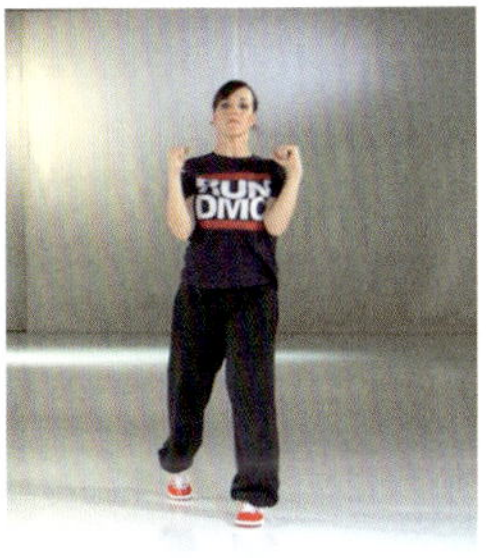

und

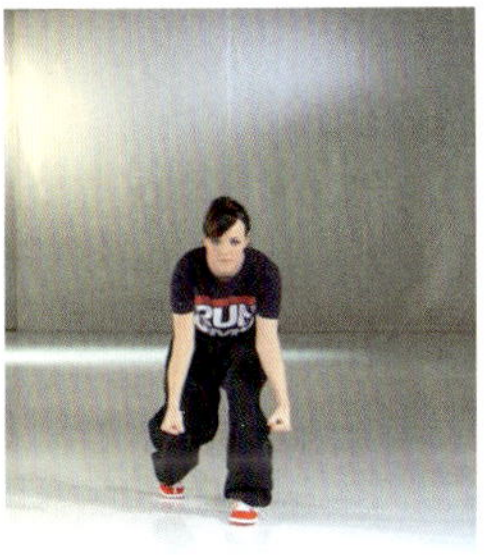

2

– Pause –

3

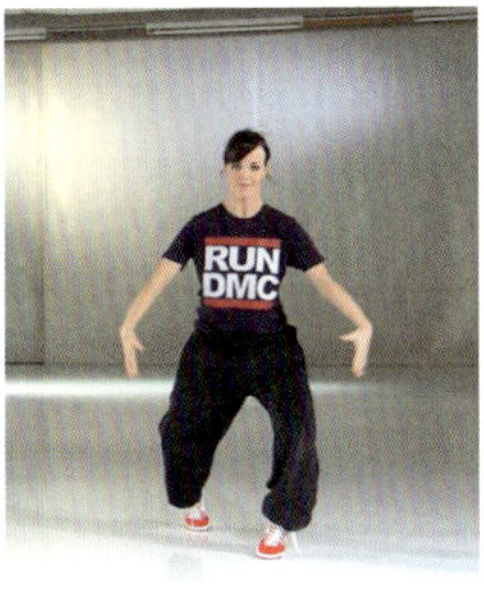

und

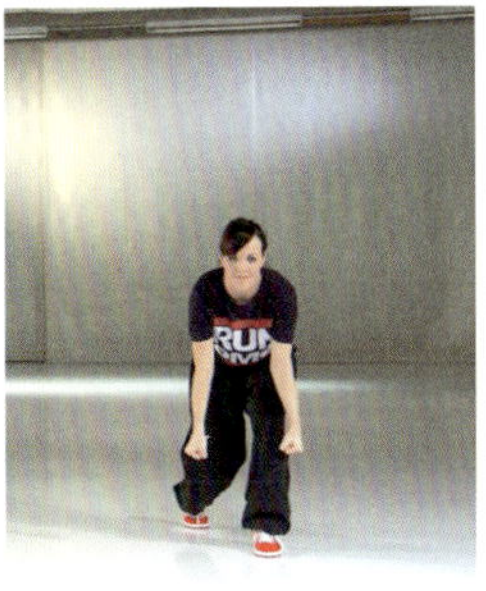

4

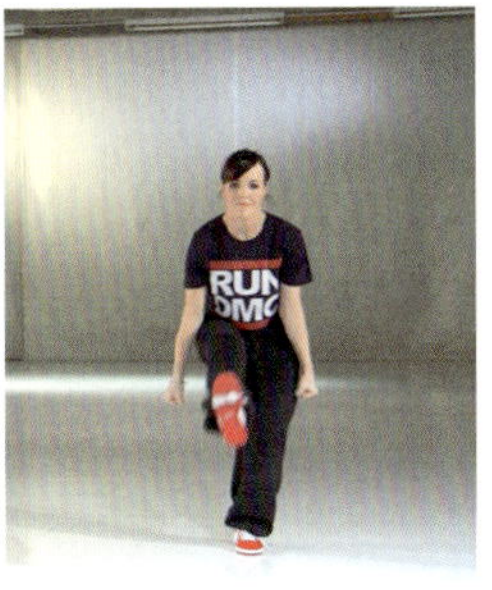

5

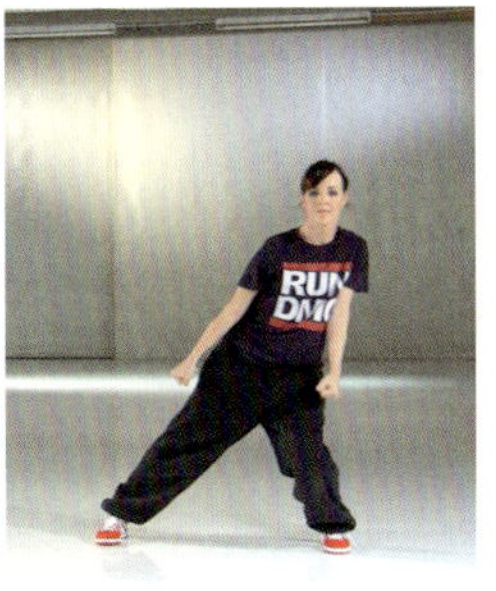

6

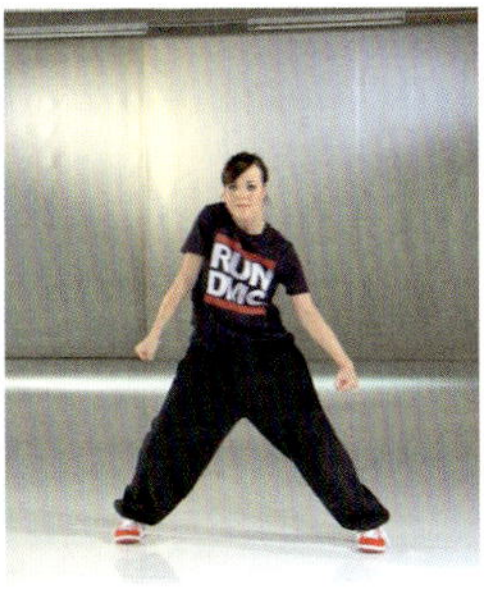

7

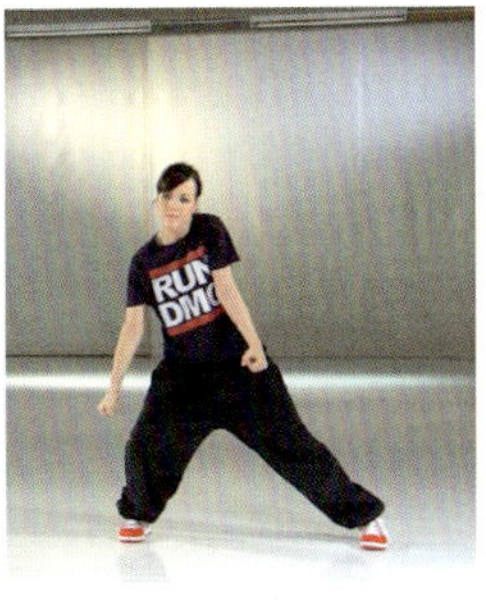

und

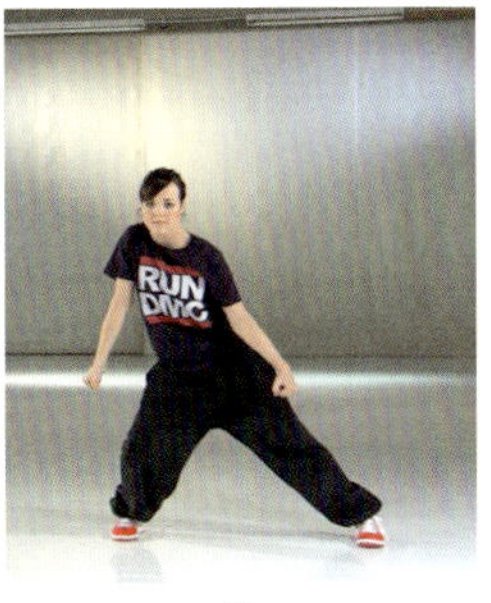

8

5. 8er

1 und 2	**Armwelle** rechts von innen nach außen; Kopf schaut auf 2 der Hand nach
3, 4	Rechter Arm und rechtes Bein „reinholen" und 1. Position parallel enden
5	Schritt rechts diagonal rück; dabei Arme hochnehmen und Körper strecken (Idee: etwas Riesengroßes umarmen)
6	Arme zum Körper reinholen, „kleinmachen"
7	Schritt links diagonal rück; dabei beide Arme hochnehmen und Körper strecken (Idee: etwas Riesengroßes umarmen)
und 8	Auf zwei Etappen Arme zum Körper reinholen, „kleinmachen"

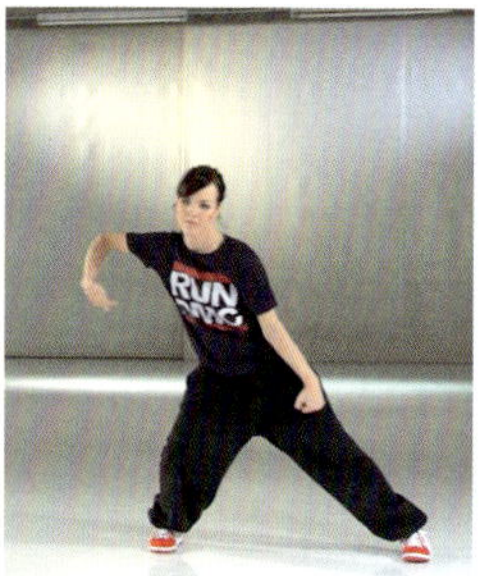
1 und

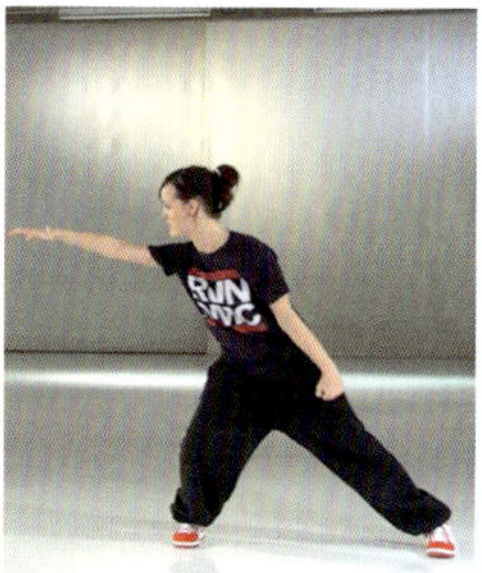
2

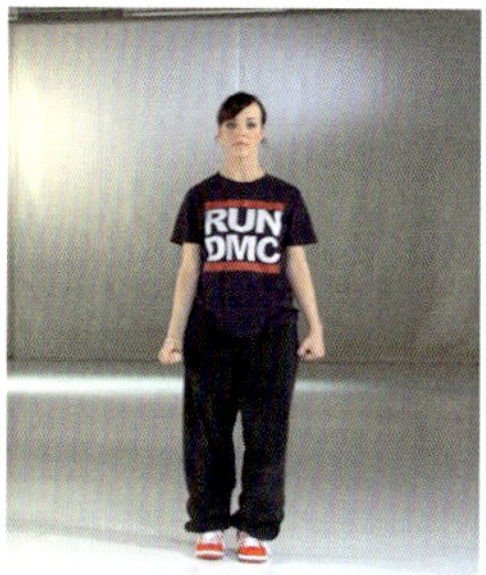
3, 4

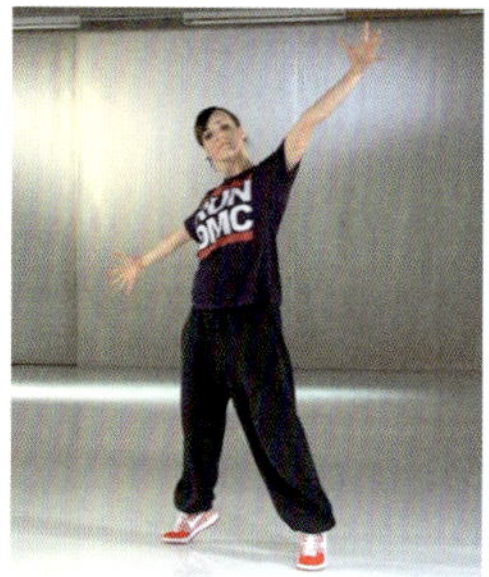
5

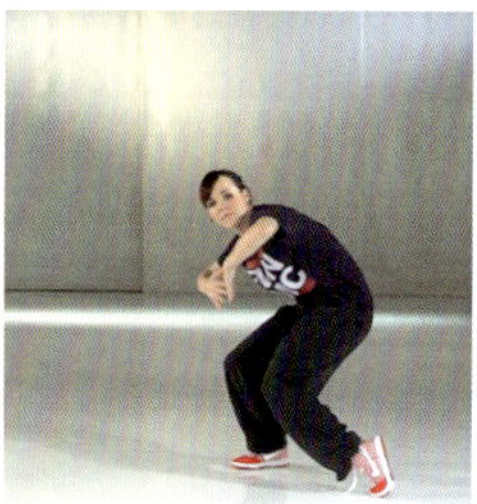
6

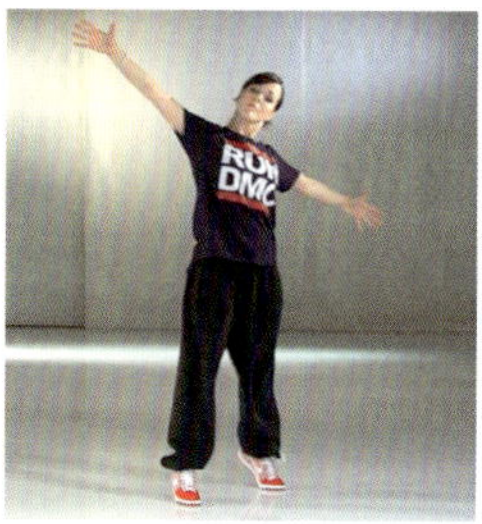
7

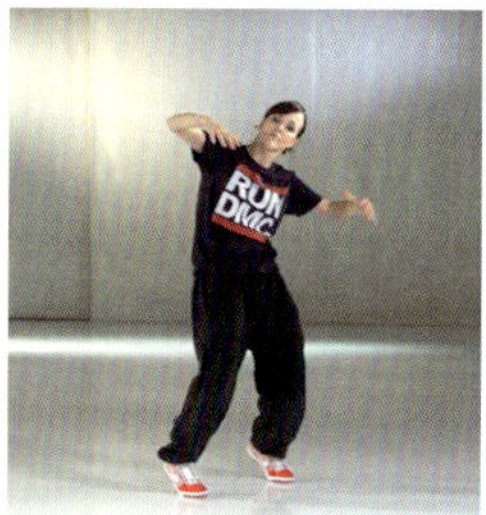
und

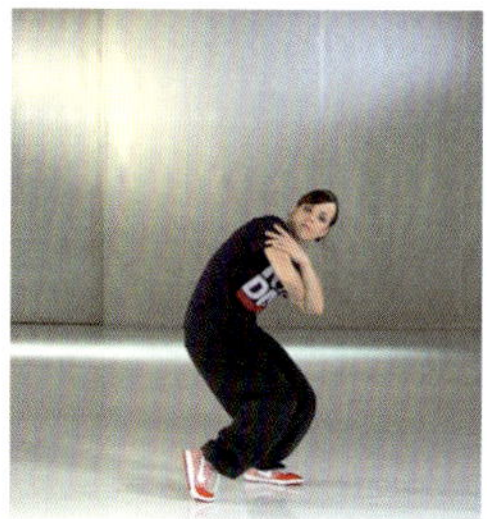
8

4.3.5 Choreographie: Oberstufe

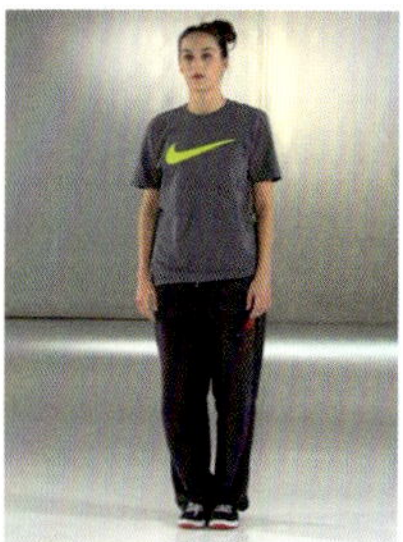

Zielgruppe:
Schüler mit guten Vorkenntnissen

Musik: 80–100 BPM

Ausgangsposition

→ Geschlossene Beinstellung, Blick nach vorne

26 normal
27 langsam
28 v. hinten

KV 8
Choreographie Oberstufe

1. 8er	
1	Tap mit rechtem Bein zur rechten Seite, dabei gehen Arme diagonal nach links vor, Finger berühren sich
2	Schließen rechtes Bein zu linkem Bein in 1. Position auswärts, Arme kommen wieder an den Körper, dabei Körperwelle von unten nach oben einleiten
3	Schulterkreis von hinten nach vorne und Arme gestreckt parallel vor dem Körper unten enden lassen
und	Rechte Ferse kurz nach rechts außen drehen, Arme „begleiten" die Fußbewegung
4	Rechte Ferse zurück in Auswärtsstellung, dabei Ferse links hoch; Oberkörper lehnt sich nach rechts
5, 6	Langsam linke Ferse tief und Welle durch die Arme von innen nach außen (Schultern-Ellenbogen-Hände), rechtes Bein schiebt sich dabei fast gestreckt mit der Fußsohle über den Boden, wie ein **Slide**
7	Rechtes Bein nach vorne anhocken und mit Händen wegdrücken
und	Schritt rechts vor
8	Tap mit linkem Bein vor, Arme locker mitnehmen

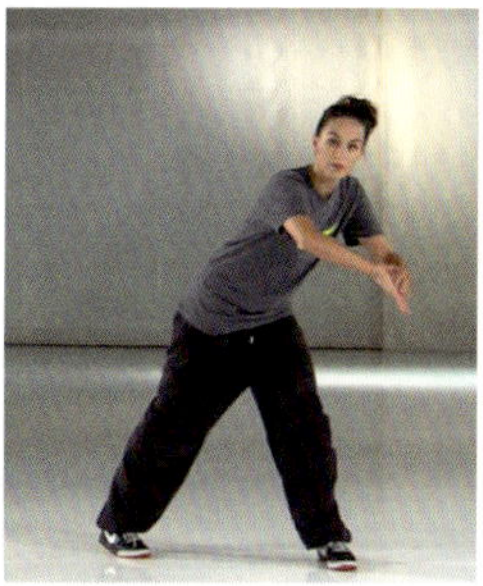
1

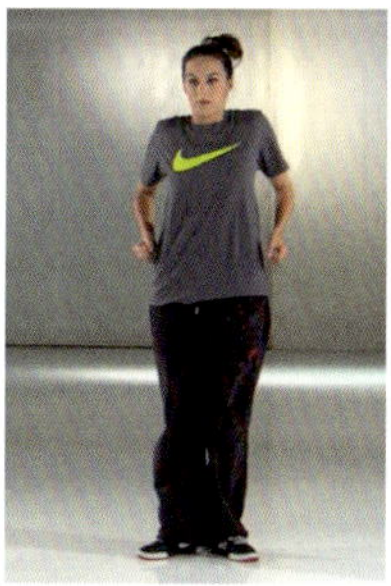
2

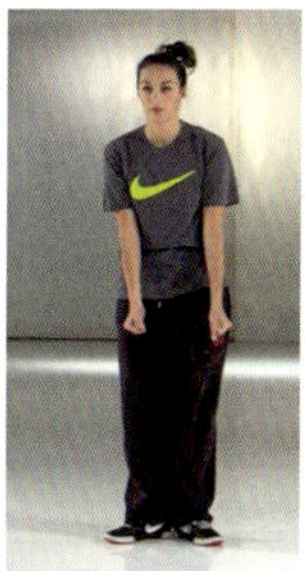
3

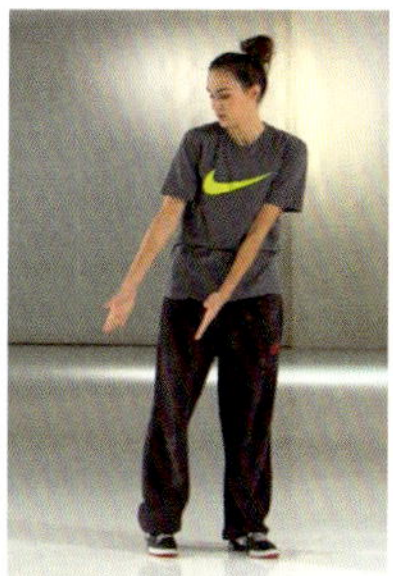
und

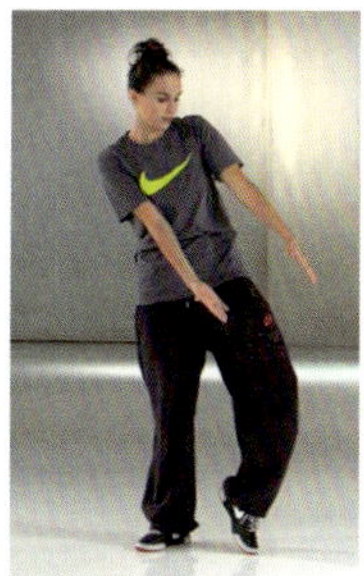
4

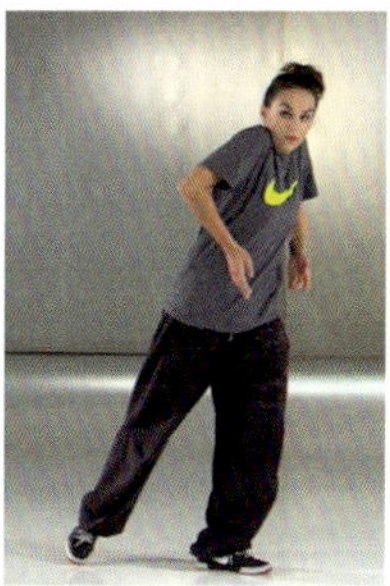
5

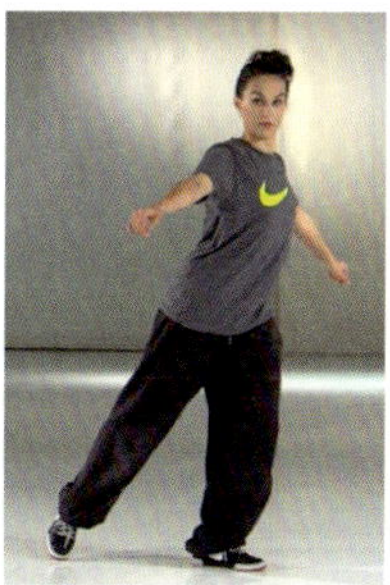
6

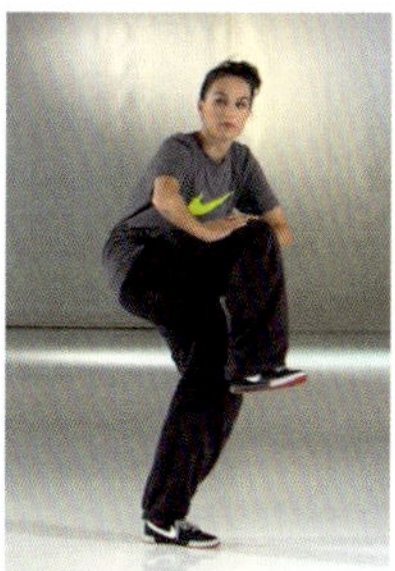
7

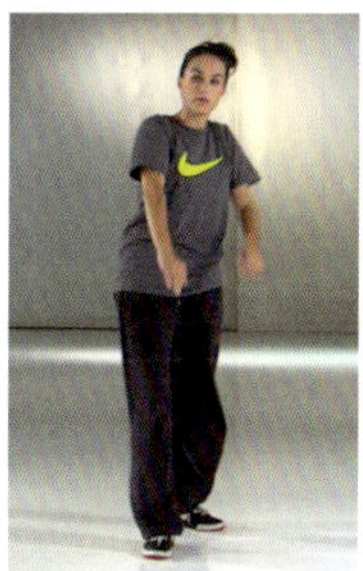
und

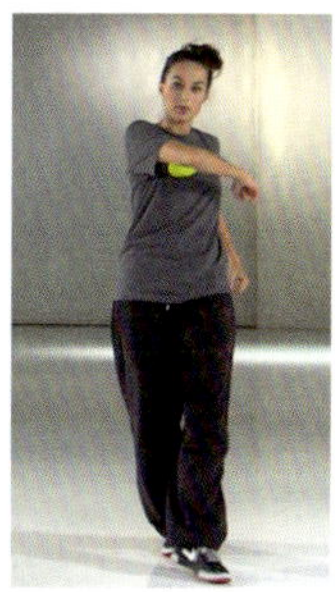
8

2. 8er	
1	Tap mit linkem Bein rück
2	Sprung „unter sich" auf linkes Bein
3	Dabei das rechte Bein (ab)lösen und vor dem linken eng kreuzen
4	**Pencil Turn** über links
5	**Bounce** mit Schritt links zur linken Seite und **Lean** leicht zurück, Arme nach vorne mitnehmen
6	Wieder schließen in 1. Position parallel, dabei wieder **Bounce** am Platz
7	**Bounce** mit Schritt rechts zur rechten Seite und **Lean** leicht zurück, Arme nach vorne mitnehmen
8	Mit ¼-Drehung nach links wieder in 1. Position parallel schließen

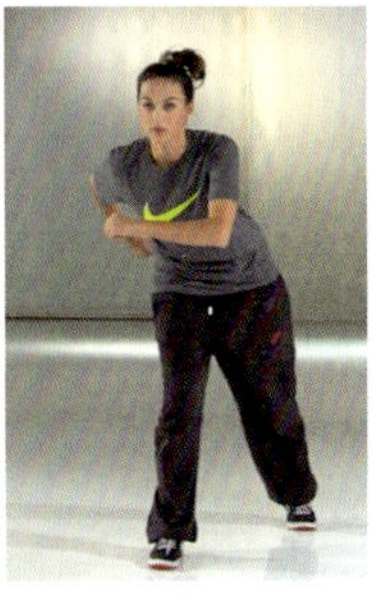
1

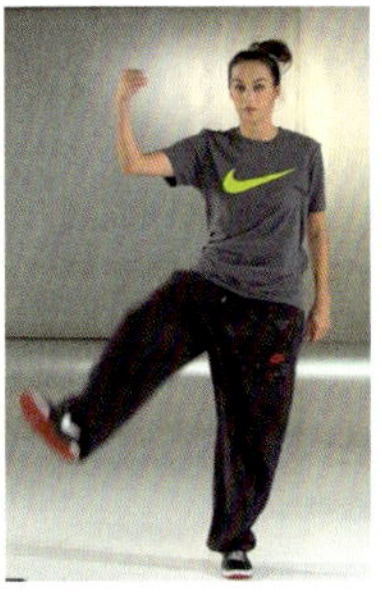
2

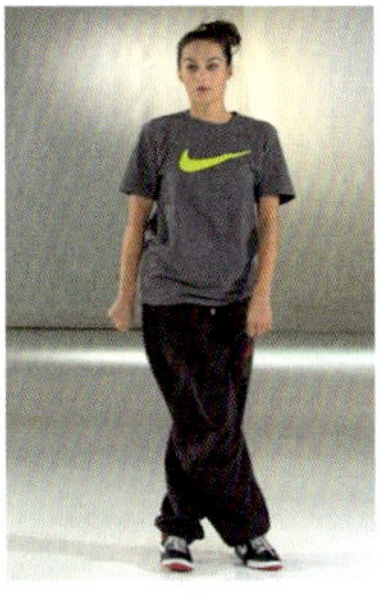
3

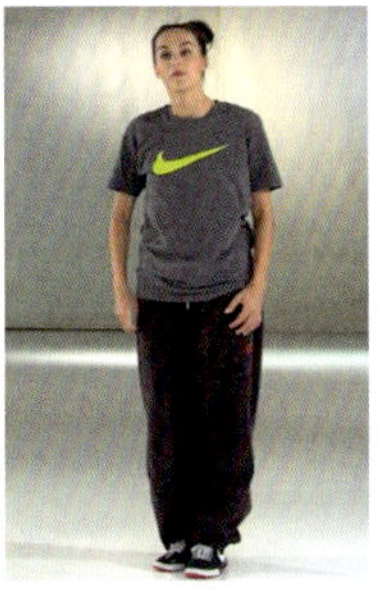
4

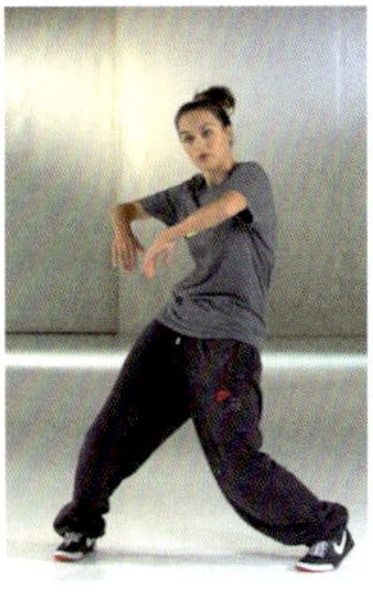
5

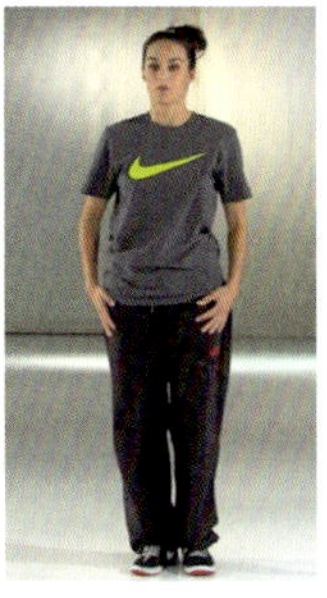
6

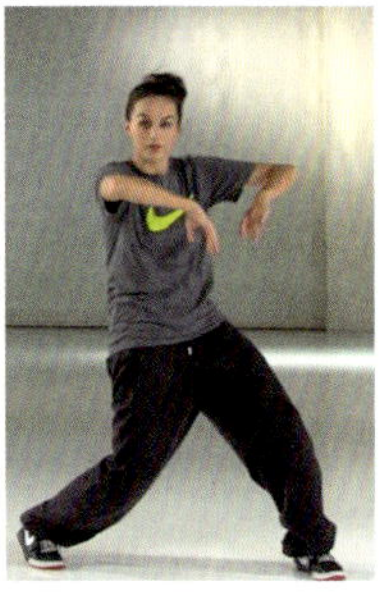
7

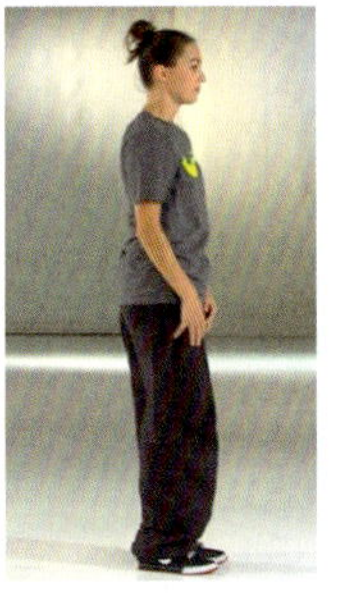
8

3. 8er

1, 2	**Moonwalk** mit rechtem Bein
3, 4	**Moonwalk** mit linkem Bein
5	Rechter Arm angewinkelt und waagerecht vor den Körper nehmen
6	Linker Arm angewinkelt und waagerecht vor den Körper nehmen
7	¼ Oberkörperdrehung nach vorne
und 8	Unterkörper und rechtes Bein, dann linkes Bein folgen, Arme bleiben vor dem Körper

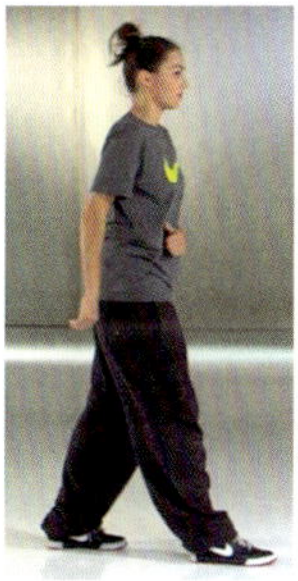
1

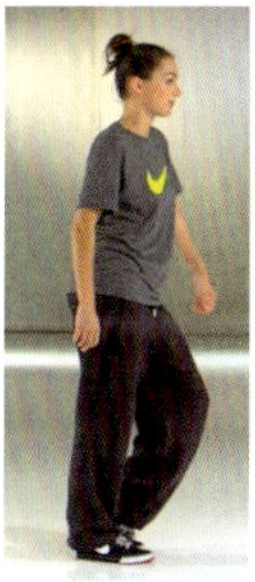
2

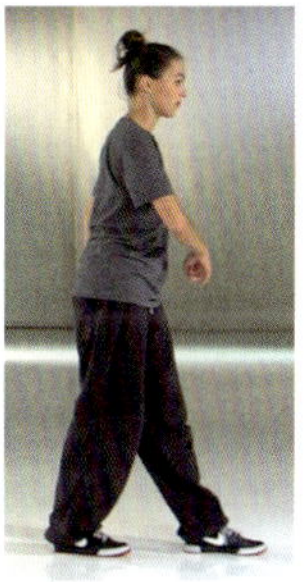
3

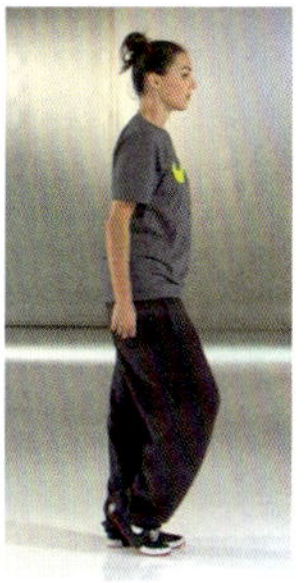
4

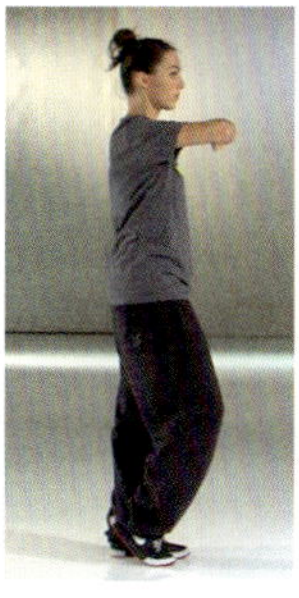
5

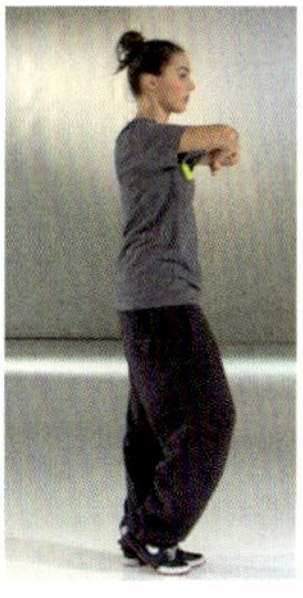
6

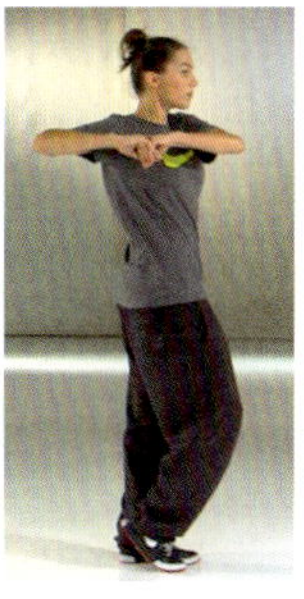
7

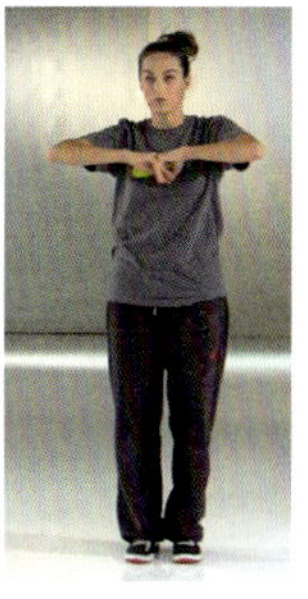
und 8

4. 8er

1, 2 **Slide Touch** vor mit rechtem Bein, dabei Öffnen der Arme zur Seite, Arme enden hinter dem Körper; linkes Bein schließt

3, 4 **Slide Touch** rück mit linkem Bein, rechtes Bein schließt, Arme bleiben dabei hinter dem Körper

5 und 6 **Bounce** zur rechten Seite, tief gehen, mit Brustkorb-Isolation vor, Arme seitlich zur Vergrößerung mitnehmen

7, 8 Schritt links zur linken Seite und **Armwelle** mit rechtem Arm, rechtes Beim schließt in 1. Position parallel

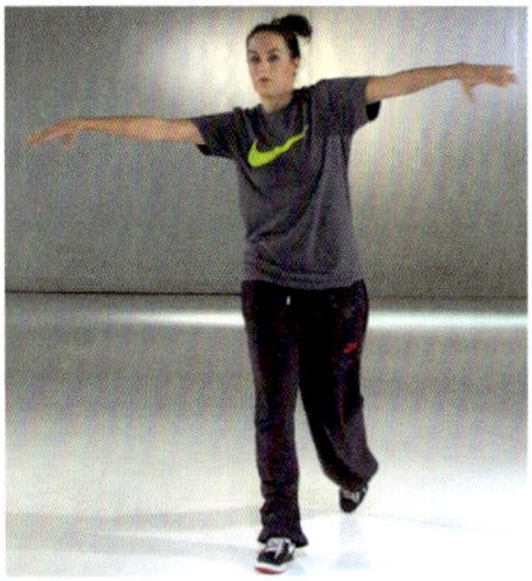

1

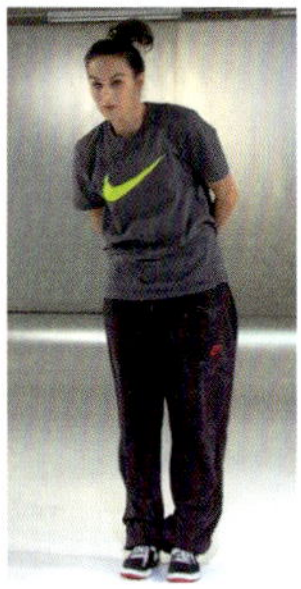

2

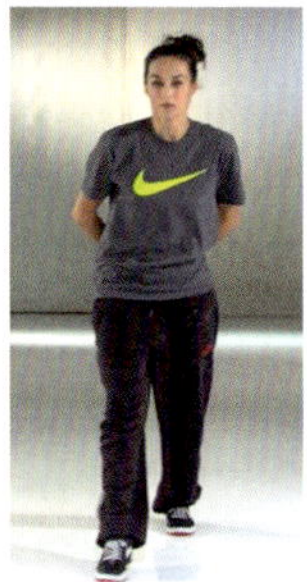

3

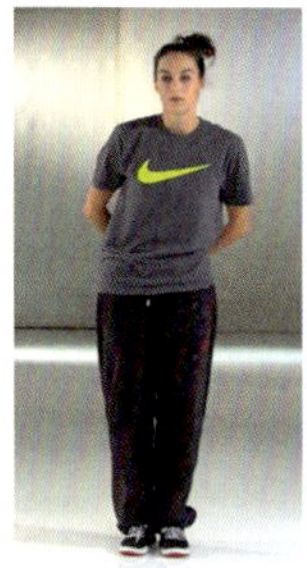

4

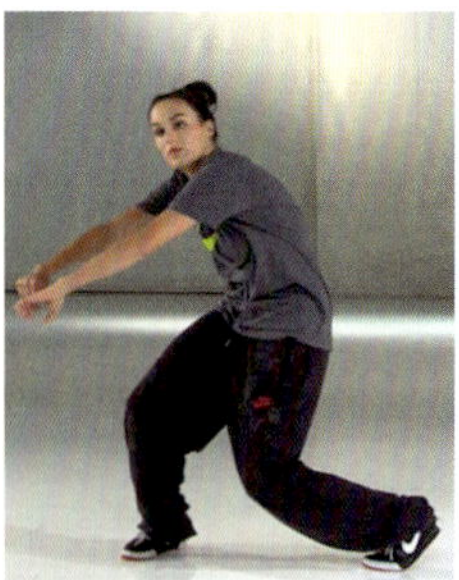

5

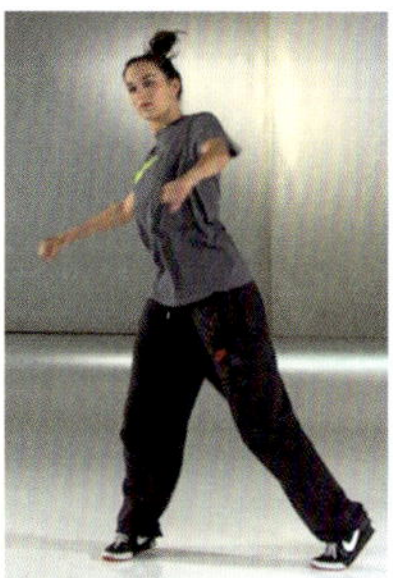

und

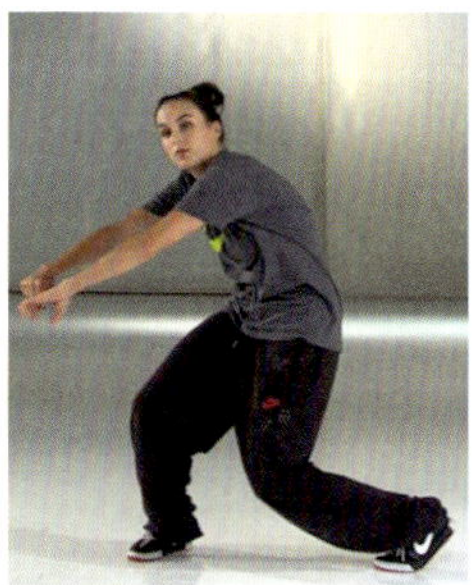

6

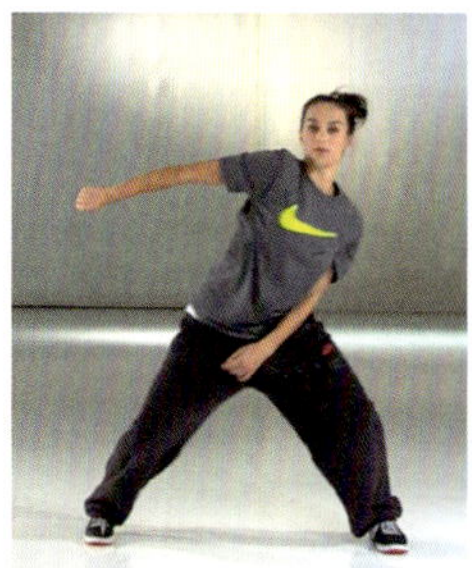

7

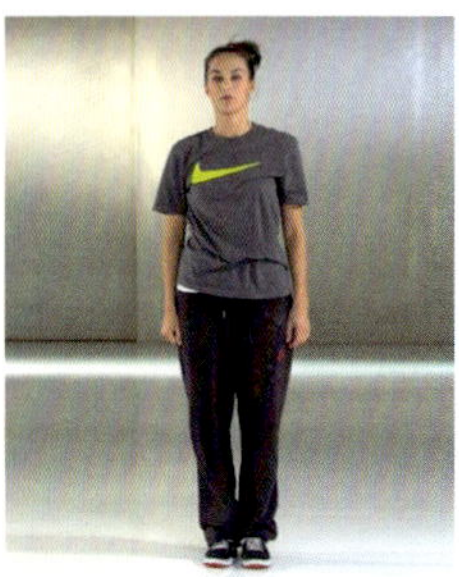

8

Kapitel

5

Anhang

5.1 Stundenentwürfe zur Unterrichtseinheit HipHop

Die von uns entwickelten Stundenentwürfe sollen ganz konkrete Beispiele sein, die aber verändert werden können (siehe DVD). Die Kopiervorlagen, die ebenfalls konkrete Beispiele vorgeben, können komplett übernommen werden (siehe DVD). Die sechs Doppelstunden stehen unter der Überschrift:

Von der ersten Begegnung mit dem Thema Tanz
bis hin zur bühnenreifen HipHop-Choreographie.

Durch die zugrundeliegenden kooperativen Vermittlungsformen, sind die Stundenentwürfe für alle Klassenstufen und Schulformen geeignet, da sich die Inhalte somit „von ganz allein" an das Tempo ihrer Schüler anpasst.

Je nach Ihren eigenen Vorkenntnissen oder methodischen Absichten, können Sie zwischen spielerischen Aufwärmsequenzen und dem technisch-tänzerischen Warm Up sowie zwischen lehrer- und schülerzentrierten Phasen wechseln und wählen. Die Stundenentwürfe enthalten immer mehrere Alternativen für die Erwärmung, von denen eine ausgewählt werden kann (Beispielsweise 4. Doppelstunde). Auch die Puffer- und Theoriephasen sind flexibel verwendbar. Ganz so, wie es für Sie in Frage kommt. Stretching- und Kraftübungsphasen haben wir bewusst nicht angegeben, da wir die tänzerisch-choreographische Arbeit im Sportunterricht in den Vordergrund stellen wollten. Natürlich können diese von Ihnen jederzeit an entsprechender Stelle eingefügt werden.

Es wird in den Unterrichtseinheiten jeweils auf entsprechende Buchkapitel und Videosequenzen verwiesen, um ihre Unterrichtsvorbereitungen so effektiv wie möglich zu unterstützen.

Viel Spaß!

Tab. 5: Übersicht Unterrichtseinheit

Übersicht Unterrichtseinheit

Doppel-stunden	Thema
1	Erste Begegnung: Thema Tanz und Bewegung
2	Einführung HipHop: Grundschritte
3	Einführung HipHop: Choreographie
4	Kreative Weiterentwicklung: HipHop Choreographie I
5	Kreative Weiterentwicklung: HipHop Choreographie II
6	Konzeption: Bühnenreife HipHop Choreographie

1. Doppelstunde: Erste Begegnung: Thema Tanz und Bewegung

Unterrichtsphase	Lerninhalt	Sozialform/ Aufstellungsform	Didaktische Intention	Material
Allgemeine und spezifische Erwärmung	**Schüler setzen unterschiedliche Bewegungsaufgaben um** „Im Sand" … • … gehen • … mit dem großen Zeh/der Ferse/der Fußsohle/der Hand zeichnen • … sich einen Platz ertrampeln • … Schritte so weit wie möglich von einander entfernt setzen „Als wären Wunderkerzen" … • … an Ellenbogen/Knien/am Po/Kopf – damit Linien im Dunkeln zeichnen; Namen/Botschaften schreiben • …an jedem Gelenk des Körpers – damit in die dunkle Nacht zeichnen Zu Zweit… • …die Bewegungen des Vordermanns nachahmen – alles ist erlaubt! Wenn dieser nicht mehr möchte, dreht er sich um, nun ist der Andere vorne	Ganze Klasse Ganze Halle	Mobilisation Raum „kennen lernen" Bewegungsweiten des Körpers kennen lernen	ruhige, jedoch auffordernde Musiktitel Evtl. unterstützende Bilder/ Poster
Erarbeitungsphase Fortsetzung nächste Seite	**Alltagsimprovisation** **Schüler improvisieren innerhalb vorgegebener Richtlinien** 1. Jeder denkt sich eine Bewegung aus Sport, Haushalt, Alltag aus und führt diese einige Male aus. 2. Jeder übt diese Bewegung genauestens ein. Die Schüler sollten sie perfekt ausführen können. 3. Die Schüler sollen die Bewegung nach den Kriterien Raum, Zeit, Dynamik gestalten und verändern (evtl. Vorgaben: größer/Drehung…)	Evtl. Lehrer als Impulsgeber Einzelarbeit Ganze Halle Evtl. Lehrer als Impulsgeber	Schüler-zentrierung Schrittmaterial kreativ entwickeln	Möglichkeiten der Erstellung einer Choreographie: siehe Kapitel 4.3.1

1. Doppelstunde: Erste Begegnung: Thema Tanz und Bewegung				
Unterrichtsphase	Lerninhalt	Sozialform/ Aufstellungsform	Didaktische Intention	Material
Erarbeitungsphase	**Schüler stellen in Gruppen daraus eine kleine Choreographie zusammen** 4. In 4er- bis 6er-Gruppen sollen sich die Schüler ihre Bewegungen gegenseitig beibringen und sie zu einer kleinen Choreographie in Blockaufstellung zusammenstellen.	Kleingruppe (evtl. pro Gruppe einen leistungsstarken Schüler, um Sicherheit zu geben)		
Präsentation/ Ergebnissicherung	**Schüler stellen ihre Gruppenergebnisse vor:** Zunächst tanzen Gruppe 1, 3 und 5 zeitgleich der jeweils gegenüberstehenden Gruppe vor. Die zuschauenden Gruppen 2, 4, 6 versuchen die vertanzten Alltagsbewegungen zu erkennen – kurzer Austausch und Feedback. Nun ist die gegenüberstehende Gruppe an der Reihe. Anschließend rotieren die Gruppen!	Rotierendes Präsentationssystem: 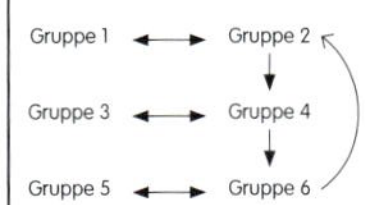 	Zu Beginn der Einheit noch nicht dem gesamten Plenum präsentieren müssen	Auswahl Präsentationsform: siehe Kapitel 4.3.2
Puffer: Reflexion	**Frage an Schüler** 1. „War es einfach die Alltagsbewegungen zu erkennen?" 2. „War es einfach sich eine Bewegung auszudenken und diese zu verfremden?" **Hinweis Lehrer** „Dies ist eine von vielen Möglichkeiten, um Schrittmaterial zu kreieren."	Unterrichtsgespräch		
Ausblick	**Ausblick auf die nächsten Stunden** „Wer hat schon einmal HipHop getanzt?" usw. Kleine Hausaufgabe zum Thema: Tanzstile des HipHop	Unterrichtsgespräch	Vorwissen aktivieren Theoretische/ inhaltliche Annäherung an das Thema HipHop	**Kopiervorlage KV1** HipHop History homework

2. Doppelstunde: Einführung HipHop: Grundschritte

Unterrichtsphase	Lerninhalt	Sozialform/ Aufstellungsform	Didaktische Intention	Material
Allgemeine Erwärmung	**Linienlauf mit „Knoten"** • Der Lehrer teilt den einzelnen Linienfarben Bewegungsarten zu (Anfersen, Rückwärtslaufen…). • Die Schüler bewegen sich entsprechend der Linienfarbe zur Musik. • Auf Pfiff bleiben die Schüler stehen. • 1. Ansage: Eine Zahl, die die Gruppenstärke bestimmt. 2. Ansage: Körperteile, die innerhalb der Gruppe den Boden berühren müssen/dürfen. • Erst auf Signal dürfen die Schüler beginnen sich ihre Gruppen zu suchen und die Aufgabe versuchen zu lösen. • Welche Gruppe meint, die Aufgabe sei erledigt, ruft STOPP. Wenn es stimmt, macht der Rest der Klasse eine kurze Kraftübung. Wenn nicht, muss die jeweilige Gruppe eine Übung machen.	Ganze Klasse Ganze Halle	Erwärmung Bewusstmachung der Körperteile Gruppendynamik	Auffordernder Musiktitel Pfeife
Koordination	**Bodypercussion und Rhythmusarbeit** • Körperteile reiben und klopfen, Klänge ausprobieren. • Klänge der Schüler nach dem Ich-packe-meinen-Koffer-Prinzip aneinanderhängen lassen. • Die Klänge rhythmisiert aneinanderhängen. • Schüler zählt jeweils die ganze Gruppe ein („5, 6, 7, 8"). • Wenn die gesamte Reihenfolge steht: – Tempo ändern – Plätze tauschen – Zu zweit gegenüber – Einfache Schritte dazu …	Ganze Klasse Kreisaufstellung Zunächst Lehrer-, dann Schüler-zentriert	Einzählen und Rhythmushalten üben	Möglichkeiten der Erstellung einer Choreographie: siehe Kapitel 4.3.1
Theorie Fortsetzung nächste Seite	**HipHop-Tanzstile** Hausaufgaben besprechen Überleitung: „All diese Tanzstile bauen auf den folgenden Grundschritten auf."	Unterrichts-gespräch	Theoretische/ inhaltliche Annäherung an das Thema HipHop	**Kopiervorlage KV1** HipHop History homework

2. Doppelstunde: Einführung HipHop: Grundschritte

Unterrichtsphase	Lerninhalt	Sozialform/ Aufstellungsform	Didaktische Intention	Material
Erarbeitungsphase I	**Grundschritte** **Option 1:** Die Schüler erarbeiten sich mit Hilfe der Materialien (Bilder, Video, Texte) die Grundschritte durch die von Ihnen gewählte kooperative Vermittlungsmethode: • Gruppenpuzzle • Stationenlernen • LdL nach Martin **Option 2:** Sie vermitteln die Grundschritte	Schüler-zentrierung Kleingruppen Lehrerzentrierung Blockaufstellung	Schulung sozialer Kompetenzen/ Lehrerentlastung	Grundschritte: siehe Kapitel 4.2, Videos V2–V20, Kopiervorlage KV4–5 Auswahl der kooperativen Vermittlungs-methoden: siehe Kapitel 3
Erarbeitungsphase II	Entwicklung einer Schrittfolge. Die Schüler füllen selbstständig 4x8 Taktschläge mit den erlernten Grundschritten.	Kleingruppen	Schulung sozialer Kompetenzen/ Förderung der Kreativität	
Präsentation/ Ergebnissicherung	**Schüler stellen ihre Gruppenergebnisse vor** • Schüler präsentieren ihre Schrittfolgen. 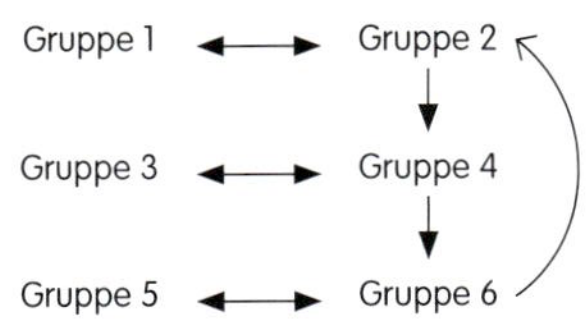 • Beste Gruppe wählen • Diese Gruppe bringt zu Beginn der nächsten Stunde dem Rest der Klasse ihre Reihenfolge bei, dies wird ab der nächsten Stunde als Warm-Up dienen.	Rotierendes Präsentations-system Unterrichts-gespräch	Begründet Stellung nehmen zum Schritt-material anderer Schüler	Auswahl Präsentations-form: siehe Kapitel 4.3.2

3. Doppelstunde: Einführung HipHop: Choreographie

Unterrichtsphase	Lerninhalt	Sozialform/ Aufstellungsform	Didaktische Intention	Material
Allgemeine Erwärmung	**Option 1: Im Takt Gehen** Schüler gehen im Takt zur Musik und lassen die Arme ganz natürlich mitschwingen • auf jeden Schlag • auf jeden 2./4./8. Schlag • auf jeden 16. Schlag = Slowmotion • rückwärts **Option 2: Warm Up** Isolations (in Teilen oder im Ganzen je nach Niveau).	Ganze Klasse Begrenzter Raum in der Halle Lehrerzentriert oder kooperative Vermittlungsmethode, evtl. videounterstützt	Rhythmus- und Taktgefühl festigen Erwärmung Verbesserung der Koordination	Musiktitel mit prägnantem Rhythmus Warm Up: siehe Kapitel 4.1, Video V1
Spezifische Erwärmung	**Grundschritte** Schüler bringen ihre Schrittkombination der letzten Stunde dem Rest der Klasse bei.	Lernen durch Lehren Blockaufstellung	Erwärmung Festigung der Grundschritte	Grundschritte: siehe Kapitel 4.2, Videos V2–V20, Kopiervorlage KV 4–5
Erarbeitungsphase/ Übungsphase Fortsetzung nächste Seite	**Choreographie** Auswahl je nach Niveau oder Klassenstufe bzw. eigenes Schrittmaterial **Option 1:** Die Schüler erarbeiten sich mit Hilfe der Materialien (Bilder, Video, Texte) die jeweilige Choreographie, durch die von Ihnen gewählte kooperative Vermittlungsmethode: • Gruppenpuzzle • Stationenlernen • LdL nach Martin **Option 2:** Sie vermitteln die Choreographie.	Schüler-zentrierung Kleingruppen Lehrerzentrierung Blockaufstellung		Auswahl Choreographie: siehe Kapitel 4.3, Kopiervorlagen KV6–8, Videos V21–V28 Auswahl Vermittlungs-methode: siehe Kapitel 3, Kopiervorlage KV3

3. Doppelstunde: Einführung HipHop: Choreographie

Unterrichtsphase	Lerninhalt	Sozialform/ Aufstellungsform	Didaktische Intention	Material
Puffer	**Ausdrucksübung** • 2 Reihen stehen sich gegenüber. • Abwechselnd gehen die Reihen 4(8) Schritte im Takt aufeinander zu, gleiche Anzahl wieder zurück. • Lehrer gibt verschiedene Bewegungsbilder vor: – Bus verpasst – Cooler Typ – Tussi mit Handtasche …	2 Reihen gegenüber Lehrer als Impulsgeber	Motivation und Abbau von Hemmungen	
Präsentation/ Ergebnissicherung	**Schüler präsentieren ihre Choreographie** Während der Präsentation bekommen die zuschauenden Schüler Beobachtungsaufgaben, die sie den Tänzern kurz rückmelden. Beispielsweise: „Welche Merkmale von HipHop kannst du in der Choreographie erkennen?"	Präsentation von einer Kleingruppe vor der gesamten Klasse		Auswahl Präsentations-formen: siehe Kapitel 4.3.2

4. Doppelstunde: Kreative Weiterentwicklung: HipHop Choreographie I

Unterrichtsphase	Lerninhalt	Sozialform/ Aufstellungsform	Didaktische Intention	Material
Allgemeine Erwärmung	**Option 1:** **Fangspiel Versteinern** • Die Schüler laufen zur Musik. • Wer gefangen wird versteinert in einer Pose. • Er wird erlöst wenn jemand genau diese Pose ihr/ihm gegenüber einnimmt.	Ganze Klasse Ganze Halle	Erwärmung Bewegungs-genauigkeit	
	Option 2: **Warm Up** Isolations (in Teilen oder im Ganzen je nach Niveau).	Lehrerzentriert oder kooperative Vermittlungs-methode, evtl. videounterstützt	Verbesserung der Koordination	Warm Up: siehe Kapitel 4.1, Video V1
Spezifische Erwärmung	**Grundschritte** Schrittkombination der Schüler.	Blockaufstellung	Erwärmung Festigung der Grundschritte	Grundschritte: siehe Kapitel 4.2, Videos V2–V20, Kopiervorlage KV4–5
Wiederholung/ Übungsphase	**Choreographie** Wiederholung oder Weiterführung je nach Niveau.	Lehrerzentriert oder kooperative Vermittlungs-methode, evtl. video-/bild-unterstützt		Auswahl Choreographie: siehe Kapitel 4.3, Kopiervorlagen KV6–8, Videos V21–V28 Auswahl Vermittlungs-methode: siehe Kapitel 3, Kopiervorlage KV3

Fortsetzung nächste Seite

4. Doppelstunde: Kreative Weiterentwicklung: HipHop Choreographie I

Unterrichtsphase	Lerninhalt	Sozialform/ Aufstellungsform	Didaktische Intention	Material
Puffer: Theorie	**Mit den Schülern Merkmale von HipHop sammeln und besprechen** • Betonung in den Boden. • Isolationen der Hauptbewegungszentren. • Kontraste (hart/weich) …	Unterrichts-gespräch	Theoretische/ inhaltliche Annäherung an das Thema HipHop	Poster Technische Merkmale: siehe Kapitel 1.3
Erarbeitungsphase	**Weiterentwicklung der erlernten Choreographie** Schüler erarbeiten mind. 2×8 Taktschläge in der Gruppe, die sich an die erlernte Choreographie anschließt. Sie sollen aus bereits bekannten Inhalten schöpfen: • Grundschritte • Technische Merkmale von HipHop • Alltagsbewegungen • Isolations	Kleingruppen		Tipps zum Choreo-graphieren: siehe Kapitel 4.3.1
Präsentation/ Ergebnissicherung	**Schüler präsentieren die erlernte Choreographie** **Ablauf** A-Teil (2x8) – Gruppe 1 (2x8) – Slide Touch (2x8) A-Teil (2x8) – Gruppe 2 (2x8) – Slide Touch (2x8) A-Teil (2x8) – Gruppe 3 (2x8) – Slide Touch (2x8) A-Teil (2x8) – Gruppe 4 (2x8) – Slide Touch (2x8) … (beispielhaftes Schema)	Präsentation von einer Kleingruppe während der Blockaufstellung		Auswahl Präsentations-formen: siehe Kapitel 4.3.2

5. Doppelstunde: Kreative Weiterentwicklung: HipHop Choreographie II				
Unterrichtsphase	Lerninhalt	Sozialform/ Aufstellungsform	Didaktische Intention	Material
Allgemeine Erwärmung	Wählen Sie aus den vorherigen allgemeinen Erwärmungen aus.		Erwärmung Festigung	
Spezifische Erwärmung	**Warm Up** Isolations (in Teilen oder im Ganzen je nach Niveau).	Lehrerzentriert oder kooperative Vermittlungs-methode, evtl. videounterstützt	Verbesserung der Koordination	Warm Up: siehe Kapitel 4.1, Video V1
	Grundschritte Schrittkombination der Schüler.	Lernen durch Lehren Blockaufstellung	Erwärmung Festigung der Grundschritte	Grundschritte: siehe Kapitel 4.2, Videos V2–V20, Kopiervorlage KV4–5
Wiederholung/ Übungsphase	**Choreographie** Wiederholung oder Weiterführung je nach Niveau.	Lehrerzentriert oder Kooperative Vermittlungs-methode, evtl. video-/ bildunterstützt		Auswahl Choreographie: siehe Kapitel 4.3, Kopiervorlagen KV6–8, Videos V21–V28
Puffer: Theorie	**Mit den Schülern Aufstellungen und Gestaltungkriterien sammeln und besprechen** • Pulk • Battle • Block … • Dynamik • Zeit • Raum	Unterrichts-gespräch	Theoretische/ inhaltliche Annäherung an das Thema HipHop	Poster Auswahl Aufstellungen: siehe Kapitel 4.3.1 Auswahl Gestaltungs-kriterien: siehe Kapitel 4.2.2

Fortsetzung nächste Seite

5. Doppelstunde: Kreative Weiterentwicklung: HipHop Choreographie II				
Unterrichtsphase	Lerninhalt	Sozialform/ Aufstellungsform	Didaktische Intention	Material
Erarbeitungsphase	**Weiterentwicklung der erlernten Choreographie** Schüler arbeiten an ihrer Choreographie weiter. Sie sollen eine Anfangs- und Endpose hinzufügen.	Kleingruppen		Tipps zum Choreo-graphieren: siehe Kapitel 4.3.1
Präsentation/ Ergebnissicherung	**Schüler präsentieren ihre Choreographie**	Verschiedene Präsentations-formen möglich		Auswahl Präsentations-formen: siehe Kapitel 4.3.2
Puffer	**„Soultrain"** Die Gasse steht eng und klatscht im Takt, jeweils die zwei ersten Schüler bewegen sich tanzend (Schrittmaterial aus Unterrichtseinheit oder frei) durch die Gasse und stellen sich am Ende der Gasse wieder an.	Gassen-aufstellung	Gruppengefühl stärken, Motivation	
Puffer: Ausblick	„Wie könnten wir all Eure Choreographien zusammen-stellen?" „Wo könnten wir auftreten/vorführen?"	Unterrichts-gespräch		Tipps zum Choreo-graphieren: siehe Kapitel 4.3.1

6. Doppelstunde: Konzeption: Bühnenreife HipHop Choreographie

Unterrichtsphase	Lerninhalt	Sozialform/ Aufstellungsform	Didaktische Intention	Material
Allgemeine Erwärmung	Wählen Sie aus den vorherigen allgemeinen Erwärmungen aus.		Erwärmung Festigung	
Spezifische Erwärmung	**Warm Up** Isolations (in Teilen oder im Ganzen je nach Niveau) **Grundschritte** Schrittkombination der Schüler	Lehrerzentriert oder kooperative Vermittlungsmethode, evtl. videounterstützt Lernen durch Lehren Blockaufstellung	Verbesserung der Koordination Erwärmung Festigung der Grundschritte	Warm Up: siehe Kapitel 4.1, Video V1 Grundschritte: siehe Kapitel 4.2, Videos V2–V20, Kopiervorlage KV4–5
Wiederholung/ Übungsphase	**Choreographie** Wiederholung oder Weiterführung je nach Niveau.	Lehrerzentriert oder Kooperative Vermittlungsmethode, evtl. video-/ bildunterstützt		Auswahl Choreographie: siehe Kapitel 4.3, Kopiervorlagen KV6–8, Videos V21–V28
Erarbeitungsphase/ Übungsphase Fortsetzung nächste Seite	**Einzelne Choreographien zu einer Gesamtchoreographie zusammenfügen und einüben**	Schüler-und Lehrerinteraktion		Poster Tipps zum Choreographieren: siehe Kapitel 4.3.1 Auswahl Präsentationsformen: Kapitel 4.3.2

6. Doppelstunde: Konzeption: Bühnenreife HipHop Choreographie

Unterrichtsphase	Lerninhalt	Sozialform/ Aufstellungsform	Didaktische Intention	Material
Präsentation/ Ergebnissicherung	**Schrittmaterial filmen** Als Ergebnissicherung und Rückmeldung für die Schüler, das erarbeitete Material filmen und gemeinsam ansehen. Daraus können Verbesserungsvorschläge hervorgehen.	Präsentation von einer Kleingruppe vor der gesamten Klasse Schüler- und Lehrerinteraktion	Rückmeldung und Motivation	Videokamera/ Abspielgerät
Puffer	**„Soultrain"** Die Gasse steht eng und klatscht im Takt, jeweils die zwei ersten Schüler bewegen sich tanzend (Schrittmaterial aus Unterrichtseinheit oder frei) durch die Gasse und stellen sich am Ende der Gasse wieder an.	Gassen-aufstellung	Gruppengefühl stärken, Motivation	

5.2 Quellen

Literatur

Achtergarde, F. (2007). *Selbstständiges Arbeiten im Sportunterricht: ein Sportmethodenhandbuch*. Aachen: Meyer & Meyer.

Berkemann, S., Landessportbund Nordrhein-Westfalen (Hrsg.). (2007). *Gestalten, Tanzen, Darstellen in Schule und Verein*. Aachen: Meyer & Meyer.

Chang, J. (2005). *Can't stop won't stop*. New York: St. Martin's Press.

Frohn, J., (2010). Tanzen für ‚Nichttänzer'. *Sportpädagogik: Zeitschrift für Sport-, Spiel- u. Bewegungserziehung, 1,* 2–6.

Klein, G. & Friedrich, M. (2003). *Is this Real? Die Kultur des Hip Hop*. Frankfurt am Main: Suhrkamp.

Konrad, K. & Traub, S. (2008). *Kooperatives Lernen: Theorie und Praxis in Schule, Hochschule und Erwachsenenbildung* (3. Aufl.). Baltmannsweiler: Schneider.

Martin, J.-P. (2002). Lernen durch Lehren (LdL). *Die Schulleitung – Zeitschrift für pädagogische Führung und Fortbildung in Bayern, 4,* 3–9.

Martin, J.-P. (1994). Zur Geschichte von Lernen durch Lehren. In R. Graef & R.-D. Preller (Hrsg.), *Lernen durch Lehren* (S. 12–18). Rimbach: Verlag im Wald.

Ministerium für Wissenschaft und Forschung des Landes Nordrhein-Westfalen (Hrsg.). (2001). *Richtlinien und Lehrpläne der Sekundarstufe I – Gymnasien*. Sport. (2001). Frechen: Ritterbach.

ZeeRay (2008). *HipHop* (3. Aufl.). Aachen: Meyer & Meyer.

Internet

Staatsinstitut für Schulqualität und Bildungsforschung München (2004). *Fachprofil Sport*. Letzte Aktualisierung unbekannt. Letzter Zugriff 01.02.2013, unter: http://www.isb-gym8-lehrplan.de/contentserv/3.1.neu/g8.de/index.php?StoryID=26406

Staatsinstitut für Schulqualität und Bildungsforschung München (2004a). *Hip Hop/Street-Jazz/Funk: gesundheitsorientiertes Ausdauertraining und Choreographieerstellung*. Letzte Aktualisierung unbekannt. Letzter Zugriff 01.02.2013, unter: http://www.isb-gym8lehrplan.de/contentserv/3.1.neu/g8.de/index.php?StoryID=27207

5.3 Abbildungsverzeichnis

5.4 Tabellenverzeichnis

5.5 Danksagung

Wir danken allen, die bei der Entstehung dieses Buches mitgewirkt haben. Auf ganz konkrete Weise haben uns die folgenden Menschen unterstützt: Kristian Portz & Patrick Bielski (Danke für die Nachtschicht und die 128735 Videos), Iris Godel-Ruepp (Danke für deine Beratung), Herr Belz (Danke für die Idee!), Frau von Külmer (Danke für die Betreuung von Verenas Abschlussarbeit) und Lars Weigert & Matthias Witzleb (Danke für die Beats), die Mädels vom GSG (Danke für die Fotos) und die Iwanson Schule München (Danke für die Räumlichkeiten).

Auf unentbehrliche Weise haben uns natürlich auch unsere Familien und Freunde dabei geholfen, dieses Projekt zu Ende zu bringen. D-A-N-K-E!